我们的"第56号教室"

——家校共育下的乐园

吴湘红 付永飞 著

孩子

家 校

浙江工商大学出版社
ZHEJIANG GONGSHANG UNIVERSITY PRESS

图书在版编目(CIP)数据

我们的"第 56 号教室"：家校共育下的乐园／吴湘红，付永飞著. —杭州：浙江工商大学出版社，2017.6
ISBN 978-7-5178-2245-5

Ⅰ. ①我… Ⅱ. ①吴… ②付… Ⅲ. ①中小学－学校教育－合作－家庭教育－研究 Ⅳ. ①G636

中国版本图书馆 CIP 数据核字(2017)第 148583 号

我们的"第 56 号教室"
——家校共育下的乐园

吴湘红　付永飞　著

出 品 人	鲍观明
策划编辑	周敏燕
责任编辑	柳　河
责任校对	穆静雯
封面设计	林朦朦
责任印制	包建辉
出版发行	浙江工商大学出版社
	（杭州市教工路 198 号　邮政编码 310012）
	（E-mail：zjgsupress@163.com）
	（网址：http://www.zjgsupress.com）
	电话：0571-81902072，88904923（传真）
排　　版	杭州朝曦图文设计有限公司
印　　刷	杭州恒力通印务有限公司
开　　本	710mm×1000mm　1/16
印　　张	10
字　　数	139 千
版 印 次	2017 年 6 月第 1 版　2017 年 6 月第 1 次印刷
书　　号	ISBN 978-7-5178-2245-5
定　　价	30.00 元

版权所有　翻印必究　印装差错　负责调换

浙江工商大学出版社营销部邮购电话　0571-88904970

前　言

　　著名教育家苏霍姆林斯基说:"最完备的社会教育就是学校—家庭教育。"随着社会的发展,学校、家庭和社会的三位一体式教育是教育发展的必然规律,但由于教育理念和教育方法的差异,家庭教育与学校教育的步调经常不一致,甚至脱节,这给学校德育教育造成了严重的困扰。家校合作是以促进学生全面发展为目的,家庭和学校两股力量互相配合、互相支持、互相协调的教育互动方式。家校合作效能的产生,需要创建一种双方面对面交流互动合作的新模式。这种强调互动合作的新模式,能够提高家长参与的积极性,变被动为主动。良好的家校合作已经被证实是一种行之有效的、强化学生德育的方式和手段。通过家校合作,促进班级文化建设,建立"高效德育场",以家庭和学校的合力来促进学生的全面成长,才能真正实现深入而有效的德育教育。

　　《中华人民共和国教育法》(2016 年修订版)、《中华人民共和国义务教育法》(2015 年修正版)、《中共中央国务院关于进一步加强和改进未成年人思想道德建设的若干意见》等教育法和规范性文件都对家庭教育和家校合作等提出了明确要求,其中《国家中长期教育改革和发展规划纲要(2010—

2020年)》有5处提到家庭参与和家校合作,明确提出要成立家长委员会。而2012年《教育部关于建立中小学幼儿园家长委员会的指导意见》更是国家层面出台的第一个专门规范家校合作的规范性文件。根据这一文件,家校合作要上升为现代学校制度的组成部分,成为现代学校体系的制度性标准。

浙江省丽水市实验学校是丽水市教育局直属的九年一贯制实验学校,坐落于美丽的瓯江中下游,位于素有"浙江绿谷"之称的丽水市区。学校创办于1915年,到2016年,已有百年校龄。悠悠岁月,回眸学校百年的发展,丽水市实验学校"健康""诚信""博雅"的校训一直激励着实验人奋进,学校先后被授予"全国现代教育技术实验学校""全国优秀家长学校""全国中小学公民道德教育实验学校""浙江省文明单位"等荣誉称号。其中,"全国优秀家长学校"这一荣誉更是对家校共育人工作的高度肯定。

在学校优质发展的大环境下,丽水市实验学校2010级2班于2010年9月组建了。班主任吴湘红老师富有爱心,充满活力,积极投入班级文化建设和管理工作。家委会主任侯学峰先生热心公益,擅长摄影,社交广泛。基于在孩子的教育理念上有许多相通之处,两位于是开始了六年的密切合作。此合作以家校合作为切入口,构建了"家校合作、共建班级文化"的家长协助班级建设的创新模式。他们共同携手,开辟了家校共育的新途径,制订了一套与之相配套的管理制度,举办了一系列有趣、有效、有爱的亲子主题活动,形成了一篇篇家校合作亲子教育反思的文章,提出了一个个值得家长、社会、学校共同关注和思考的问题。六年来,借助家长委员会这个平台,家长不再是学校教育的旁观者,而是积极出谋划策,主动参与班级文化建设,有效提升了班级管理的效果,促进了学生的健康成长,同时也积累了大量的图片和视频资料,总结积累了多年的经验。其间,侯学峰先生的好友付永飞老师,作为幕后智囊团成员,为家校合作提出了许多创新的点子,丰富了活动形式,提供了理论支撑。2014年,《"家校合作、共建班级文化"创新模式与运行机制的实践研究》申报了丽水市教育规划课题项目,在莲都区教研室管宜文老师的悉心指导下，获得了奖项一等奖。在该成果的基础上，家委会主任侯学峰先生于 2014 年下半年组建了创作团队，整理资料，以图书的形式将其出版。这不仅丰富、充实了家校合作的理论，更为今后开展家校合作提供了借鉴。

本书主要从家校合作的理念思考、实践操作和不同视角的反思三个层面，全方位地展现家长、教师对教育的理解，对孩子教育的探索，以及家校合作产生的功效，全面阐述了家校合作对班级文化的形成、家长教育理念、教育的方式方法以及对孩子健康成长所起的正面作用，总结了六年来区域家校合作的实践经验。

家校合作是教育发展的新趋势，是时代发展的必然要求。只有教育工作者、家长以及社会上的有识之士不泯一颗童心，相约爱心陪伴，与孩子同前进，共成长，才能实现家庭教育、学校教育和社会教育三方的共赢！

实践的天地无限广阔，学术的探索永无止境。许多尚未解决的问题还需继续思考，许多新出现的问题有待不断研究，每一点深入和进步都需要我们付出汗水和努力。今后我们将继续在这条道路上不断前行，为探索家校共育新发展做出更大的贡献。

目　录

有心而感悟

有感而留痕

有痕而结果

有心而感悟

不要让"5+2=0"

五天的学校教育＋两天的家庭教育＝零教育

一个孩子的健康成长离不开学校、家庭和社会三者的共同努力。

目前，许多教师摇头嗟叹：学生难教。究其原因，原来是家庭教育从中作梗。一方面，老师千方百计地培养学生良好的学习习惯，积极健康的身心状态；另一方面，家长又对学生言传身教，如何好逸恶劳、自私自利，学生也耳濡目染，时常贪图享受、不劳而获，家长甚至把自己错误的求学观、人生观、价值观等传授给自己的孩子……处于夹缝中的学生对此往往表现得无所适从：老师虽然是心中的偶像，但家长却是自己的"保护伞"。于是感情的杠杆便偏向父母，家长"略施手脚"，教师的苦口婆心顷刻间前功尽弃。有研究表明，小学阶段家庭教育对孩子成长影响所占的比重高达70%以上。因此，只有家庭教育和学校教育进行有效合作，资源重组，形成合力，才是最好的教育。苏联著名教育家苏霍姆林斯基曾经强调："没有家庭教育的学校教育和没有学校教育的家庭教育都不可能完成培养人这一极其细致而复杂的任务。"这就说明家庭教育在孩子的成长过程中是不可或缺的。家长对学校教育的理解和支持，可以让教育实现事半功倍的效果。

可是当下家庭教育的现状是：我们的父母严重缺乏正确的家庭教育理念，也从没有接受过相关的教育培训。一个人想要开车，至少需要3个月的专业学习和培训，取得驾驶证后才可上路行驶。而家长都知道，教育孩子比驾车的难度大多了，若缺乏专业的培训，糊里糊涂地就做了父母，开始了孩子的家庭教育,那么,错误的,甚至失败的家庭教育便在所难免。

多数家长无限度宠溺孩子,对孩子教育的投入盲目跟风,尤其是应试教育方面,几乎让各种培训和竞争占据了孩子童年的所有时间,把孩子培养成学习的机器,最终导致孩子厌学;对孩子要求过于严厉,用别人的长处跟自己孩子的短处相比较,用失败和批评一次次地打击孩子,导致孩子与家长之间产生严重的隔阂;当孩子的青春期遇到父母的更年期,各种矛盾和冲突不可避免,家庭悲剧就屡屡上演。失败的家庭教育太多太多,不一一列举。

著名心理学教育专家蒋政华曾提出这样一个等式:"5+2＝0"。他这样解释:五天的学校教育,加上两天的家庭教育,由于学校和家庭在教育上的抵触和矛盾,使实际的教育效果产生对冲,让孩子无所适从,最后的教育效果为"零"。那么到底学校和家庭在教育上的抵触和矛盾表现在什么地方呢?笔者以为,最重要的就是理念和行为上的不对等。学校与家庭教育理念不对等下的教育,是低效的教育。下面是笔者自拟的寓言故事,大致可以说明问题:

木匠师傅有两个儿子,一同随父亲做木工,且都学得一身精湛的技艺。大儿子一板一眼,循规蹈矩,做的东西非常精细。二儿子富有想象力,目光独特,喜爱做别人没有见过的新东西。

木匠师傅去世了,留给两个儿子一大堆木料,他们着手分家。大儿子专挑粗壮笔直的木料,而二儿子并不争辩,只是选择形状各异、粗细不同的,甚至有些弯曲的木料,加上一些树根和树梢。

哥哥拿到木料之后,工工整整地制作了许多桌子、椅子等常用家具,拿到市场上卖了,过上了富足的生活。二儿子对着自己的木料,挑挑拣拣、雕雕刻刻,很久才完成一件。原来他做的是木雕艺术品,拿到市场上也鲜有人问津,很久才卖出一件,只能勉强度日。

随着时间的流逝,大儿子卖出去的那些家具旧了、破了,最后不知所终,别人也忘记了他的名字。而二儿子的木雕艺术品随着市场的变化,被许多懂艺术欣赏的人看中,价值越来越高,并被著名的博物馆收藏,二儿子也因此成为远近闻名的木雕艺术家。

一个工匠，虽然拥有优良的木材，却让其成为平庸的、毫无特色的桌椅，最后被世界所淘汰。那些看似废料的木材，却在艺术家的精雕细琢之下，成为人人喜爱、熠熠发光的艺术品。

正如我们常说的：我们的孩子都是好孩子，他们刚出生都如同一张纯洁的白纸，当他们长成千差万别的大孩子时，就如同一张画满了画的画纸。但是不同的是画的精美度。究其原因就是我们的家庭不一样，我们的活动环境不一样，我们的教育理念、教育行为不一样。孩子的健康成长是学校、家庭和社会诸方面教育共同影响的整体成果。如果各行其是，彼此矛盾或互相抵消，教育是不会成功的。家庭不但要密切配合学校和老师的教育，使其与学校教育取得一致，家庭成员之间也要前后统一、步调一致。否则的话"5＋2＝0"这个等式真的会成立了，我想这不是我们所希望看到这样的结果。我们所希望实现的是"5＋2＝7"，甚至是达到"5＋2＞7"的教育效果，这才是我们共同的心愿。美国教育家杜威也曾说："家庭教育与学校教育的分离是教育中的最大'浪费'。"因而，正确的教育理念，加上家校间有效的沟通和合作，才是实现教育最佳效果的途径。

"猛火熬慢火炖"才是精髓

有心而感悟

有两名中医，治病的理念、方法颇有不同。一个是专注调养，预防病体的侵入，讲究的是"药食同源"，即在饮食起居中使人身强体健。可是，偶从他那得益的人总以为是自己身体好，于是他的生意日渐衰微，终致门可罗雀了。另一个则不然，专治重症，鹿茸、虎骨等名药应有尽有，病人大多终不免医治无效而死去,偶有治愈者,感恩戴德,于是他妙手回春的匾额渐渐也多了,名声自然也大振。至于后人则干脆只看他们的名气和匾额了。

故事很短,但其留下的思考却非常深远。这种状况,何尝没有出现在教育中?

曾有一朋友打来电话告知,其子欲报一相传甚好的奥数班学习奥数,但由于名额有限,已经无法报名,希望能助其报名。其实据我了解,这一位被传得神乎其神的老师只不过是一个不太安分的老师。30多岁,师范毕业,在农村教了几年书,先后在温州、杭州几所民办小学任教。回到本地,觉得民办学校工资不高,自带学生辅导奥数不仅自由且工资极高,于是又辞去工作,在家专心带学生。因其最近几年所带的学生在参加外地民办学校招考中屡有斩获,因而声名鹊起,家长纷纷投其名下为子女报名学奥数。

许多学者研究表明:奥数对孩子的教育帮助不是很大,尤其是对普通学生,其作用和效果不甚理想,也是不适宜学习的。但是由于丽水本地教育质量欠佳,许多家长挤破脑袋想把孩子往外地送,又由于外地民办学校招生体制的限制,将奥数考试成绩作为选拔学生的一项重要指标,许多盲目跟风、不了解自己孩子实际情况的家长,一味为了到外地求学,把学习奥数作为一项敲门的技能。

前文中提及的老师,正是投了家长的喜好,且又比较会钻研,再加上在外地任教过,收集了一部分外地的奥数资料,只要其全身心投入奥数教学,大部分优秀的学生都投到门下,教出几个好学生的概率还是比较高的。但是在盲目的家长眼中,他就像救星一般,他家的门槛都要被磨平了。

这位奥数老师就像那一位使用猛药、专治重症的医生,由于曾经辅导了几个学生考入外地学校,家长就以为都是他的功劳,于是口口相传,名声自然来了。但是要知道,奥数只适合个别学生,也只是一时考试的敲门砖。对大部分学生的智力发展几乎是无益的,甚至对于部分不适合学习奥数的孩子来说,这可能是让他失去学习兴趣的毒药。

梁启超有九个子女,他们个个成才,并各有所长,甚至创造了"一门三院士"的佳话。梁启超是怎么做的？从他占著作总量十分之一还多的书信中不难看出，他所秉持的教育主张就是我国古代先哲教人做学问的方法——优游涵饮，使自得之。这句话在梁启超看来，异常亲切有味。梁启超主张凡做学问总要"猛火熬"和"慢火炖"两种方法循环交互着用，在自己子女的教育问题上，始终秉持着这个方法。事实也确如此：只有经过慢火炖的东西，才容易被消化吸收。这不仅对学业，对个人的身体也都是有益的。

对于孩子的成长，我现在所持的观点就是慢火炖熬，让孩子在文化的熏陶中慢慢成长。可是这样的滋养是无法立即见效的，它是在老师的引导下，自主的学习中成长起来的。有朝一日孩子有所成就，他会觉得是自己努力的结果，像经调养后体格健壮的人一样，认为这是自己身体本身的原因。因而这样的老师跟医生一样，是会出现门可罗雀的结果的。

但是作为老师，我们的目的是什么？笔者以为，老师只要遵循教育规律教书育人，履行自己的职责即可。至于自己是否能得到社会的认可，则不应作为教学的目标。

先做人，再成才

上学就是为了有好成绩，有了好成绩就可以上更好的学校，上更好的学校就可以有更好的工作，有了好的工作，就有了幸福的生活。这是许多家长为孩子设计的成长规划路线图，似乎这也就是教育的全部目的。这有错吗？似乎也没有错，而且大部分父母也都是这样做的。可是事实是真的错了！错在对教育目的的理解。

那么教育的目的是什么？笔者以为教育就是帮助孩子体验逐步成长的

有心而感悟

过程。不可否认,丰富的知识储备确实可取得良好的学习成绩,从而有选择好学校的机会,获得优越的学习条件,进而可以有更多选择好职业的机会,这就是我们传统意义上的知识改变命运。但是"条条大路通罗马",这也只是通往罗马的其中一条道路而已。名牌学校的毕业生,并不一定就能谋得好的职业,即使谋得一份好的职业,也并不一定意味着他所受的教育就是成功的。近年来高学历人才轻生现象屡屡发生。幸福的家庭都是相似的,不幸的家庭各有各的不幸,虽然这些悲剧由不同的因素造成,但我们不得不对现行的教育现状进行反思。不可否认,寒门苦读值得鼓励,通过知识改变命运是一种积极的途径。不过,上名校、找好工作并不是唯一的价值体现,如何帮助学生养成健全的人格才是最重要的。

可是现实往往事与愿违,有太多的父母不能很好地区分教育的过程和目的。

就像有关幸福的追求一样,我们人生的意义就在于在追求幸福的过程中体验幸福。不可否认,丰厚的物质条件是幸福生活的重要保障,但是当下许多人却错误地把追求物质和金钱当作人生的目标,结果越来越累,最终失去幸福人生的意义。

有一位父亲写了一篇《把孩子培养成普通人》的文章,文中他对孩子的期望是这样的:

> 小时候,爸爸妈妈很爱她。她不常生病,学习不用特别拔尖,但能考上个大学,毕业后能找个工作养活自己,到了年龄为爱情而结婚,嫁给喜欢的人,生一对孩子,老公成为一个优秀的男人,和她一起把孩子养大。多好!

是的,我们自己就是普通人,为什么非要强求孩子成为精英呢?

"望子成龙""望女成凤"是中国父母的美好愿望,但是有的愿望是不一定可以实现的,并且是要付出代价的。现实中许多父母对孩子的期望过高,随着孩子的慢慢长大，期望值也开始降低。尤其是一些处于发育叛逆期的孩子，由于父母教育的失责，打架、斗殴、吸毒，甚至走上歧途。直到此刻期望值已经降到最低的父母才认识到做一个平平安安的普通人是最幸福的。

理论界还有一种观点：即使是真正的社会精英和杰出人才，也不是培养出来的。根据统计学原理以及社会发展的一般规律，平庸的普通人多，出众的人少，杰出的人才少，拔尖创新的人才少，这是非常正常的。

因而，杰出人才的出现是小概率事件。如果说在不同人种之间，天赋没有太大差别的话，那么出现杰出天赋的概率就应与人口数量正相关。中国有 14 亿多人口，直至 2015 年，中国学者中只有屠呦呦一人获得诺贝尔奖。

于是就有了钱学森之问：为什么我们的学校总是培养不出杰出人才？其实，这个问题本身可能就有问题。杰出人才是"培养"出来的吗？也许不是。杰出人才很可能是在一种有利的环境中"冒"出来的。所以，创造环境，或者说培育人，远比培养人更重要。

什么是一个真正的"人"所应具备的基本做人准则？是人格底线。爱因斯坦说："学校的目标始终应当是：青年人在离开学校时，是作为一个和谐的人，而不是作为一个专家。"戴安娜王妃也多次对她的长子威廉说："你在成为王子之前，先要成为一个人。"他们讲的是先做人，再成才。"人"重于"才"，这是因为人不仅是工具，更是目的。因此在我看来，中国教育的首要任务不是如何培养杰出人才，而是如何培养真正的"人"。

中国的家长、师长都寄希望于孩子、学生早出名、出大名，总拿那些少数成名的孩子来和自己的孩子比较，这无形中给孩子施加了太多的压力，也早早就埋下了不健康心理的种子。

即使许多孩子求学途中一直是按照父母的愿望成长——名牌大学毕业，找到待遇优厚、人人艳羡的工作，但这并不是教育最终的成功。一个最典型的例子就是原央视的芮成钢。高考状元出身的芮成钢，青年得志，央视抢眼，平视政要，问遍全球，被誉为"明日精英"。但 2014 年 7 月 11 日，他突然被检方带走了。一切精彩戛然而止，徒留一只空话筒。要知道，一个人的

"德"比"才"更重要。而"德"就是一个和谐的人的基本要素,也正是基于此,才有当下国家提出的"立德树人"的理念。

到绍兴旅游的人基本上都会去柯岩。柯岩最著名的景点或者说标志性景点就是"云骨"——一根上大下小的岩石。它高30多米,上端最大处的直径有五六米,而底部最小处的直径只有1米左右,因此从其中一个角度看去,既像一束燃烧的火焰,又如一个站立的梭子,还似一缕袅袅升起的云烟,险峻而奇绝,给人一种岌岌可危之感。初见时曾感叹大自然的鬼斧神工,但是后来听导游的介绍得知,这是人工开凿的结果。原来柯岩这儿是一个人工采石场,想当年,无数的能工巧匠用自己手中的凿子和锤子在山间叮叮当当地敲击,把一块块上好的石料凿出,运到需要的地方,最后只剩下一些无用的岩石,留在原处。经过多年风雨的侵蚀,最后就形成了现在这壮观而神奇的景象。

由此想到,当年那些所谓的可造之才,被能工巧匠打磨成一块块平整规则的石料,不知被运往何处,或埋入地下,或默默无闻,被时间的长流所遗忘。而剩下的这些无用或被遗忘之顽石,居然在旅游业兴起的年代成为人人仰慕的骄子,为当地的居民带来丰厚的报酬,这大概就是所谓的时势造英雄吧!也印证了那句"有意栽花花不成,无心插柳柳成荫"。

其实现实中的人不也如此吗?许多原来所谓的人才,在人才济济的社会也只不过是一块普通的石料而已,随着时间的流逝就会被淘汰,被淹没。而原来被认为无可救药的无用之才,只要找到适合自己的环境,依然可以发出靓丽的光彩。所以我们绝不能看一时的成绩优异,要用长远的目光对待,看其几十年后,是否在社会上占有一席之地。

另外也应想到,原来的那些可造之石,之所以最后会沦为平凡而默默无闻的垫脚石或者奠基石,主要是因为当时被能工巧匠磨砺成一块块样子规整、毫无特色的石料,被时间之流所湮没。而留在原地的废料因为形象的独特、奇绝、有个性,反而成为万人敬仰的景致。做人也一样,绝不能做一个毫无个性的从众群体的一分子,否则其结果最终也只能平平淡淡。而那些保留自己本色、富有个性的人,最后定会绽放出不一样的光彩。

由此联想到我们的教育，我们现在的许多学生，成绩优异，通过自己的努力，考上优秀的学校，将来极有可能走出家乡，到更广阔的世界，展现自己的才能，最后成为世界的孩子。而那些成绩平平的孩子，将来可能留下来成为建设家乡的主力军，围在父母身边，共享天伦之乐。所以人尽其才，物尽其用也是很有哲理的。作为教育者，绝不能以当下成绩的优劣、能否考上优秀的学校作为衡量人才的唯一标准和对学生喜恶的根源，而应该站在成长的高度，站在未来几十年的时间跨度上去观察，去思考，这样我们面前的每一位学生就都是一样的了。

再者，一个人的教育是否成功，或者说人生是否成功，应该要看人的一生，至少要看 40 岁以后，进入人生的不惑之年，具有独立人生观的他对自己的生活是否满意，是否知足，这才是人生幸福的关键。

成长与成才虽只有一字之差，但其中的理念却是完全不同的。

专属的"第 56 号教室"

教室，是孩子们学习的地方；教室，是孩子们活动的地方；教室，是孩子们沟通的地方。这个地方装载着孩子们的成长，记录着孩子成长过程中的喜怒哀乐。教室里有同桌的你；教室里有不能逾越的"三八线"；教室里有童年最纯真的故事。

自从夸美纽斯的班级授课制问世，教室就成了学生在校园生活中最重要的场所。每天在校的六小时时间里，除掉活动时间，学生至少有四个小时都是在教室里度过的。教室是学生学习、生活，师生交往、交流的重要场所。

"一间教室的容量可以很大很大，可以带给孩子无限多的东西——我们

能分享到这样的教育智慧,就是获得力量;也许,在未来也会创造一个奇迹。"这是畅销书作者尹建莉对雷夫·艾斯奎斯的《第56号教室的奇迹》一书的评价。

"在洛杉矶市中心一间漏水的小教室里,一位名叫雷夫·艾斯奎斯的小学教师用了将近四分之一世纪的时间,创造了一间充满奇迹的第56号教室,感动了整个美国。"通过这段文字我们就可以发现,其实第56号教室也是一间非常普通的教室,但是因为老师拥有不一样的教育理念,实施不一样的教育方式,造就了其间生活的孩子不一样的生活状态,并最终成就了第56号教室的奇迹。

确实,随着教育的发展,许多地方的教室在不断发生变化:一是扩大教室的空间,增加教室的功能;二是投入现代网络媒体技术的建设,把虚拟空间引入教室,甚至还有许多有特色的学校,开始实施学生流动学习,不存在固定的教室。教室除了作为一个空间存在,更重要的是作为一种教育理念和方式的存在,这对孩子的成长会更有意义。

只要努力,每一个班级都可以拥有属于自己的"第56号教室"。记得著名特级教师张化万曾说过这样一段话:"大棚蔬菜可以给我们什么样的教学启示? 每一位老师都可以为自己的学生创造一个小环境,改变学生学习的状态。"是的,面对目前基础教育的浮躁之风,除了深恶痛绝,作为一名班级教师和一个家长团队,我们虽然没有能力去改变整个社会的局面,但是是否可以在我们个人能力范围内做些什么呢?

著名教育专家朱永新曾经说过:"教师可以利用的时间与空间决定了教师是一个幸福的人,因为无论周遭环境如何,当关上教室的门,教师就是教室的国王,就是拥有土地的农夫。"我们教师可以在自己的教室里营造一片不同的天地。在这一片天地里,孩子拥有的是对教师无限的信任,可以获得有效的学习方法,并能在丰富多彩的活动中感受学习的乐趣。作为家校合作型班级,因为有了一批具有超前教育理念家长的支持,营造一个适宜孩子学习的教室环境和文化,更是完全可以实现的。

走进学校，踏进教室，一眼就可以看出老师的管理水平、学生的生活状况。有的教室地面肮脏，到处是随手乱扔的垃圾，课桌椅摆放杂乱无序，上面堆满了各色的学习用品，墙壁上张贴随意，灰尘弥漫；而有的教室整齐有序，地面清洁，墙壁上的张贴主题鲜明，色彩鲜艳，书架上摆放着各类适宜学生阅读的书籍，窗台上还有几盆生机勃勃的花草。也曾看到过国外一些教室的照片：看上去有些凌乱，但是乱中有序，到处是孩子的作品，角角落落里都由孩子自己装饰和安排，各种学习和生活用品触手可及；一般在某个地方铺着地毯，孩子们随时可以席地而坐，而老师的办公桌椅就在教室的一角。国外的教室环境少了国内整齐划一、一丝不苟、端端正正的严肃和沉闷，多了一份生动活泼和家的温馨。不同的教室环境，体现的是不同的教育理念和文化，培养出来的人也是不一样的。

那么，现代教育理念下的教室，应该是怎么样的呢？笔者以为，现代教室里应该有这些：

教室里要有自己独特的文化。教室，作为学校一个最重要的教育场所，要实现其最大化的教育功能，就要努力营造自己独有的文化。教室文化是一个班级的灵魂，是每个班级所特有的。教室文化涉及与班级有关的各类人群，既包括学生与学生之间的关系、师生之间的关系，也包括以往容易忽略的教师之间以及教师与家长之间的关系。教师与教师之间是合力的关系，教师与家长之间则是互补的关系。

教室文化包括显性文化和隐性文化。显性文化就是指教室中的环境文化和物质文化。著名教育家苏霍姆林斯基曾说过："让学校的每一面墙壁都说话。"就是指教室里的物质文化和环境文化。现在学校办学追求特色和个性，其实班级文化也应该是学校大主题下的小主题，针对班级的实际，追求个性和特色，文化的引领作用可能会更加明显。因此班级文化不是没有个性、人云亦云地随手拈来，而是在班主任和家委会的指导下，集聚学生的智慧，为大部分学生理解和认可的特色文化。随着现代商业经济社会的发展，标志被广泛运用到现实生活中，因而班级文化除了用文字表述外，还可以用

图片和标志,达到简洁、明确、一目了然的视觉传递效果。

班级文化只有得到学生的认同,成为共同的价值观,融入学生的行为规范之中,才是真正的文化,这就需要在班级的发展过程中逐步做好隐性文化的建设。隐性文化包括制度文化、观念文化和行为文化。制度文化包括各种班级规约,构成一个制度化的法制文化环境;观念文化则是关于班级、学生、社会、人生、世界、价值的种种观念,这些观念弥漫在班级的各个角落,潜移默化地影响着学生;由制度和观念等引发出来,学生所表现出来的言谈举止和精神面貌,则是行为文化。隐性文化的达成是一个循序渐进的过程,不是一蹴而就的。一旦班级的显性文化固定下来,教师和家长就要不断地在孩子的成长过程中,抓住一切有利的细节,坚持不懈地引导,在润物无声中让这些文化的品质成为孩子生命中的行为品质。

教室里要有对孩子的信任。《第56号教室的奇迹》一书中也谈到,他们教室是以信任取代恐惧。每当开学老师就告诉孩子,多数教室之所以安静有序,是建立在恐惧的基础上,而他们的教室却以信任取代恐惧。翻开许多班级制订的班级公约和制度,都是违反什么,要受到什么样的惩处,而不是达到什么样的要求,就有相应的奖励。虽然只是表述的不同,但理念是不一样的,前者是建立在对别人不信任基础上的,而后者是对人成长的期望。这两者给予孩子心理上的感受就完全不同,一个是我要小心,不要违反规则,否则就要受到惩处,因而时常小心翼翼。而另一种奖励的制度给人的心理感觉是只要我努力了,就会获得奖赏,于是就怀着愉悦的心情努力去争取。

信任还需要教育者站在孩子的角度思考问题。虽然我们也是从儿童时代成长过来的,但是长大后往往就忘了,孩子的思维方式跟成人是不同的,如果一味以成人的角度去看待,结果就会产生冲突和矛盾。我们都知道"人之初,性本善"的道理,孩子犯错误是很正常的,很多时候只是天性使然。于是就有人提出,教室本身就是允许孩子犯错的地方。例如有的男孩子非常讨人厌,特别好动,惹得别的孩子经常找老师告状:"谁谁谁,又打我了。"实际上这在心理学上是孩子成长过程中一种不太被人认可的交往方式,并不存在品质的问题。教育者不应采用批评教育的方式，而是需要采用心理疏导的方式，引导孩子学会正确与人交往的方式，效果会更明显。并且在这一过程中，可以从心理上得到孩子的信任，建立良好的关系。即使遇到冥顽不化的孩子，我们也应该用积极的态度和耐心来面对问题，打造出持久的、凌驾于恐惧之上的信任。

教室里要有对孩子的爱。教育工作是一个良心活，人的成长只有一次，是不可重复的过程，因而教育者的爱是非常重要的。"爱自己孩子的是人，爱别人孩子的是神。"作为教师，充满爱心做教育，这是教师师德的基本要求。孟子曰："老吾老以及人之老，幼吾幼以及人之幼。"古人已经给我们提出了很高的道德要求，我们不仅要爱自己的孩子，还要学会爱别人的孩子，这有非常积极的意义。

中国古代有"严师出高徒"的说法，严厉固然是一种教育方法，但是随着现代文明的发展，关爱比严厉的教育效果要更好。有一则现代寓言故事：看到原野上走来一位身穿外套的老人，寒风提出要和太阳比赛，看谁能够让老人把身上的外套脱下。寒风鼓足力气吹了起来，但风越大，老人把衣服裹得越紧，还一边诅咒寒风。太阳则微微一笑，从厚云中慢慢露出笑脸，阳光温暖了大地，也温暖了老人，老人谢过太阳，脱掉外套，快乐前行。不同的人读到故事有不同的解读，作为教育工作者解读这个故事，认为温暖的关爱更易被人接受，也更能起到教育的作用。

纪伯伦的诗

童年，是人生最美好的季节。童年，可以对一群蚂蚁研究半天；童年，可

以跟一棵小树进行对话;童年,还可以对着满天的星空无限遐想。成人之后,无不对自己的童年生活产生无限的留恋。童年虽然短暂,但是却铺垫了人生最基本的色调,决定了一个人生命的底色。

可是,以往我们有这样一个说法,"吃得苦中苦,方为人上人"。为了让孩子取得好的成绩,将来能进入优秀的大学,毕业后能获得一份报酬优厚的工作,我们的家长常常对孩子童年的幸福视而不见。这其中所依循的一个观念就是:童年只是成年的一个准备期。根据生命观的研究,其实不然,童年跟成年一样,也是一个不可忽视的重要阶段,其间的幸福体验对于健康身心的培养是非常重要的。

黎巴嫩诗人纪伯伦有一首诗《论孩子》:

> 你们的孩子并不是你们的孩子,他们是生命为自身所渴求的儿女。他们借你们而来,却不是因你们而来,尽管他们在你们身边,却并不属于你们。你们可以把你们的爱给予他们,却不能给予他们思想,因为他们有自己的思想。你们可以建造房舍荫庇他们的身体,但却不能遮盖他们的心灵。因为他们的心灵栖息于明日之屋,即使在梦中,你们也无缘造访。

现在大部分家长都极力地依照他们自己的意愿,把孩子打造成自认为心目中完美的样子。还有一部分家长,因为自己曾经的梦想没有实现,便把自己的意愿强加给孩子。然而孩子也是一个独立的个体,他的成长是要由他自己的意愿决定的,尤其是他的思想和心灵。所以父母还是要更多地尊重孩子的意愿,让他长成他自己吧!父母需要做的大概是引导和帮助,而不是强求。

要知道,一味循着父母的意愿长大,没有自己思想和判断能力的孩子,即使实现了父母的愿望,考上了理想的大学,也并不是教育成功的标志和终点,实际上这只是独立人生的开始。现实生活中,反面的典型例子数不胜数。

曾看到一则新闻,四川某县几年前一高考状元,从重点大学毕业后工作不理想,最终沦落为流浪汉。看罢新闻,细细想来,其实分数跟孩子将来的成长是没有必然联系的。许多家长往往只是关注当下,看重孩子的分数,却很少去思考孩子的成长与未来的人生。前例新闻中这位高考状元的父亲,最享受的是当年开家长会时周围人羡慕的眼光。当孩子找不到人生的方向迷茫时,他只是一味地讽刺挖苦,缺乏应有的帮助和引导。所以这样的家长,其实也是非常自私的,往往只关注自己的感受,却忽略了孩子真实的需要。考试分数只是孩子成长中一个极其微小的部分,而成长才是人生的全部,我们不能一叶障目,认为学习好了就万事大吉了。这位高考状元上大学前一直名列班级第一名,优越感特强,而一进入大学,发现自己其实也是一个平凡的学生,失落感油然而生。特别是在毕业后的工作之初,由于人际关系处理不当和自己对工作的好高骛远,不能坚持从艰苦的工作做起,从而对人生愈感迷惘,终日在网吧度日,最终走上流浪的道路。

一个人是否能够适应社会生活,除了要有必要的智力支持外,情商和适应能力也是非常重要的。可以说,社会是一个大熔炉,一个人要想在社会上立足,需要的是全面的素质素养,而不仅仅是优异的成绩。因此,教育,尤其是家庭教育的目光要着眼于未来,为孩子的人生去设计。但这种理念,至少目前并不被所有人认可,因为太多的家长认为"不能让孩子输在起跑线上",于是在入学初,就拼命给孩子加压。要知道人生是一场没有终点的马拉松,并不是场百米竞技,可以由起跑来决定。马拉松获胜的关键是持久的耐力和意志,以及科学的体力分配。学习也是一件辛苦事,学习的兴趣是要逐步培养的,如果一开始就要求过多,往往容易造成孩子对学习的厌恶,这样后面的学习就会变得无效。这方面非常值得警惕,现在学生中厌学的比例很高,包括许多优秀学生,也都存在严重的厌学情绪。高考结束后,许多学校普遍的撕书、焚书事件,就是最好的例证。作为家长,你是否了解,你的孩子有厌学情绪?作为老师,你是否了解,你的班级中多少学生有厌学情绪?

有心而感悟

现在还有这样一种观点：随着社会的发展，物质的丰富，人类不再为解决温饱而忧愁，而是为过上更有品质的生活在努力。所以学习不再像一两百年前工业社会时仅仅是为将来的谋生而做准备，而是为将来更加有品质地生活在努力。从这个意义上来说，读书、思考，让精神丰富，过一种有质量的生活，是我们教育的趋势。如果学校教育只看到分数，只有应试，缺乏情趣，让孩子感到恐惧，这是错误的，也是不人道的。

但是在现实中，孩子又是一种怎样的生活状态呢？教师和家长有没有深入孩子的心灵关注他们的生活状态呢？笔者曾经教过的一名初中一年级学生，他这样写道："我不想待在学校里，我觉得待一天都累，学校就是一个恐怖的地方，我一点也不喜欢，三年到底有多久？"

这是一名初中学生发自内心的声音。由此可见我们的教育是多么失败，校园不再是学生喜欢的地方，不再是能让学生感受到快乐的地方。一个抱有这样心态的孩子还能够主动地去学习吗？曾读到一篇文章，说的是有位领导者考察北京的一条胡同时，说他熟悉附近环境，因为小时候就住这片，他经常一放学回家就撂下书包上什刹海滑冰。于是作者问道，现在的孩子还有没有可能放学一回家就撂下书包出去玩耍？当孩子在写自己的中国梦时，是否可以写一写"放学一回家就可以出去玩耍呢"？

童年的价值在于自由成长，教育的价值在于引领和促进成长，在于带领孩子从自然善好之本走向社会善好之质。但当下的教育却往往以"呵护儿童""保护童年"之名，抹杀了童年自由成长的价值。这给我们的教育工作者和家长以及社会提出很多的问题：孩子们为什么会这么忙？这么忙是不是值得？有没有更好的童年生活方式呢？

人生就像一条无限延伸的数轴，童年是其中的一个阶段，一个跟其他阶段一样重要的阶段，且每一个阶段各有其特殊的生命价值，教育并不只是"加速成长"，童年，也需要有幸福的体会和感受。无忧无虑，睁大眼睛尽情欣赏世界才是童年的本色。童年就要有童年的生活方式，而不能一味地为成年后的生活做准备，从而失去童年的生活乐趣。

《上学真的有用吗?》一书中有这样的观点："学校的学生很容易厌烦,你要叫自己的孩子培养内在的精神生活,永远不会厌烦。你应当要求他们读严肃的作品、成人的作品,涉猎历史、文学、哲学、音乐、美术、神学,所有这些话题学校教师肯定会回避。用孤独挑战你的孩子,让他们乐于与自己为伴,与内心对话。"教育要对人的成长负责,要有长远的目光和眼界,要培养孩子学习的兴趣,而不是扼杀学习的欲望。

学校要改变,教育者要改变,社会也要改变。每一位家长都有责任正视孩子的童年生活,让他们过个有意义的童年,学会从儿童的角度看他们的生活,可能就会有不一样的结果。

如果你的孩子提出下列貌似愚蠢的问题,他(她)很可能是"未来之星",千万不要忽视。

天会不会掉下来?月亮和太阳可不可以换个位置?人类会不会在一夜之间全被毁灭呢?机器人会不会变成真人?全世界会不会成为一个国家?是不是可以不上学?是不是可以没有作业?

那么,你还记得孩子曾经向你提出哪些疑问吗?曾经给你哪些难题,令你尴尬甚至不安?对于孩子那些貌似愚蠢、听似滑稽的问题,你们又是怎样的态度?其实这就是天真烂漫、无拘无束、毫无顾忌的童年,决不能用成人的思维和角度来看待和度量。

多留意孩子的童年,那是孩子最天真无邪的时光,最异想天开的时刻,那也是人与自己,人与他人相处最和谐的时段,说话没什么怕的藏的,而他们的听众也没什么骂的恨的,多半是欣赏的姿态。这是一生中最珍贵的状态。人生是一次单程的旅行,亲子交流的环节、场景,往往是童年最美丽的风景。

有心而感悟

愿陪你一起长大

记得曾读到一个故事：一位年轻妈妈开着名车把孩子送到贵族寄宿制学校，并告知孩子："妈妈为了赚更多的钱，将来送你到更好的学校学习，现在没时间陪你，你会恨妈妈吗？"孩子说不恨，接着又说："将来我长大了，也赚很多钱，等你老了，也送你到最好的贵族养老院。"

养育孩子不仅仅只是一种责任，更应该是一起走过的温馨甜蜜的日子，要珍视与孩子相处的经历和过程。给予孩子最好的教育虽然没有错，但是如果好的教育是牺牲孩子与父母相处的过程，还是有悖生命的意义的。

面对当下独生子女家庭，孩子最缺少的不是父母优厚的物质关爱，以及优质的教育资源，应该是父母最贴心的陪伴。

为什么现在有的家长会对自己的孩子孤注一掷，削尖脑袋送好的学校，接受好的教育，给予孩子很大的期望，结果贴心的陪伴都被枯燥乏味的应试教育代替了呢？我们的父辈，或者说在以前，是多子女家庭，家庭教育一是有积累经验的可能，二是也有不同选择的机会，这样就不会一味以应试来要求孩子，反而增加了孩子多样选择的可能。即使其中有的教育失败了，作为父母，"东方不亮西方亮"，还有成功的机会。可是独生子女一旦教育失败，作为父母对孩子的教育，那就是百分之一百的一败涂地。所以现在的父母根本输不起，只有削尖脑袋往独木桥上挤。

家长是孩子的第一任教师，也是孩子成长路途上最贴心的伙伴。很多家长因平时工作太忙，没有时间去照顾孩子，认为孩子放在学校让老师教育就可以了，对孩子在学校的方方面面都很少过问。许多家长把孩子送到学校,通常这样对教师说:"老师,孩子就交给你了,拜托你了!""老师,你说了算!""老师,你看可以就行!"这样的家长完全没有认识到自己的责任和义务,缺乏参与孩子教育的意识。

有专家指出:一个人的成长过程中,如果不在父母身边,从小缺少家庭气氛滋养,缺少和亲人的情感及语言交流,生命起始阶段性格出现畸形,以至于成年后在心理及能力方面表现出永久的缺陷。罗马尼亚就有一个案例:"二战"后为了鼓励生育,把6万名孩子集中安排在国家教养院教育,这些孩子后来大多行为异常,智力低下,情感发育不良,不会和人交流,无法形成对视和对话,独自坐在角落,不停地前后摇晃或不断重复某种刻板行为,对陌生人没有恐惧感,也没有沟通能力。这种情况,理论界称之为"孤儿院现象"。所以畅销书《好妈妈胜过好老师》的作者尹建莉就坚决反对孩子进寄宿制学校。

父母温暖的怀抱、慈祥的眼神、体贴的话语,是一个有智力的生命正常成长不可或缺的东西。孩子刚出生时只是个纯粹的自然人,要成长为一个完整的社会人,是一个循序渐进的过程。就像一粒种子的成长要经历生根、发芽、开花、结果一样,每一个阶段的需求是不同的,但是阳光的温暖是不可或缺的。孩子的成长也是一样,在婴幼儿期,首先要满足温饱、安全感、亲情等自然需求,随着身心的成长,逐步发展出更高一级的自律、合作、利他等意识和能力。家庭中父母给予的爱,就是孩子成长必不可少的阳光。要培养一个出色的孩子,父母一定要明确:父母是最好的老师,亲情是最好的营养品,餐桌是最好的课桌,家是最出色的学校。

时间是孩子教育最大的投资。孩子是父母的希望,是为人父母生命的延续。因而家长都愿意在孩子的身上投资,花钱请家教、上辅导班、进最好的学校等,从胎教开始,教育的经济投资就启动了,且一点也不吝啬。可是仅仅在经济上的投资是不够的,还需要时间投资。实际上,低年级的知识教育是很简单的,一年级几节课的教学内容,到了高年级只要一节课就可以解决。例如现在就有教育发达地区学校提出,小学低年级减少或取消数学课

有心而感悟

教学,就是针对学生的实际,把低年级的学习重心首先着眼于孩子的习惯培养。

有一个教育家说过:"习惯是一个人存放在神经系统的资本,一个人养成良好的习惯,一辈子用不完它的利息;养成一种坏习惯,一辈子都偿还不完它的债务。"良好的习惯包括生活、学习、文明等方方面面,如早上早起、晨读、大声朗读、工整写字、及时完成作业、对人有礼貌等。根据有关教育理论,良好的习惯养成不是一蹴而就的,而是在实践过程中逐步形成的。因此,要养成良好的习惯,家长要舍得花时间,耐心地陪孩子,一点一滴、一笔一画,帮助孩子逐步养成。

有的家长会说,我自己很忙,我可以花钱请别人帮忙啊!试想一下,培养孩子需要极大的耐心和爱心,而这个世界上对孩子最有爱心和耐心的就是自己的父母,如果父母都做不到,别人能做到吗?"爱自己的孩子的是人,爱别人的孩子的是神。"这个世界上是没有神的,父母只能依靠自己。有研究表明,孩子对亲情的期待远远超过对物质的渴望。一项"儿童的心愿调查"显示,很多在成人看来微不足道的事情,在孩子眼中却意义重大,比如:"我希望吃一顿全家餐,因为我的爸爸经常在外面应酬,很久没回家吃饭了。""希望爸爸能回上海工作,不再去外地,我很羡慕其他同学,他们的爸爸都在身边,我的爸爸却在新加坡,一个月才回来一次,我很想他。"……

《穷爸爸 富爸爸》写道:"所谓成功,就是有时间照顾自己的孩子。"衡量一个人是否在意另一个人,最显要的一个参数,不是金钱,而是时间。父母一定要舍得花时间陪孩子养成良好的习惯,因为好的开端是成功的一半。而且教育也是一个长远的工程,不要等到发现孩子落伍了,或者升学考时再努力,那就为时太晚了。把孩子培养成一个完整健康的人,就是最大的收获。如果出现这样那样的问题,有再多的钱也是空的。

父母的榜样力量是无穷的。身教重于言教。无论哪个父母都希望自己的孩子将来在德行、能力等方面要超过自己。"染于苍则苍,染于黄则黄。"父母在日常生活中与孩子接触就是对孩子进行无声地教育。所以,家长要时刻注意自己的言行,不该说的话不说,不该做的事不做,言行要一致,不能说是一样,而做是另一样,否则孩子会茫然,不知该如何做。家长要处处以身作则,做孩子的良师益友,为孩子树立良好的榜样,使自己真正能够胜任第一任老师这一光荣职位。

学会跟孩子进行心灵的沟通。世界上最远的距离,大概就是孩子站在你的面前,你却不知道他在想什么,而且他也不愿意告诉你他在想什么。这是现实中普遍存在的现象。家长与子女,尤其是逐渐长大的子女,缺乏应有的沟通,心理距离非常大,出现了所谓的代沟。沟通是人与人之间思想与感情传递和反馈的过程。亲子关系是一种最亲密的关系,为什么随着孩子的长大,这种关系反而会越来越疏远呢?沟通是人的本能,没有一个孩子愿意把自己封闭起来。小时候由于幼稚,对父母的依赖性强,事事都会对父母讲,亲子间的沟通是顺畅的。当孩子进入青春期,生理、心理需求都发生了变化,如果家长还固守着原来的观念,孩子在家长面前找不到沟通的快乐,亲子沟通的大门也就会逐渐关闭。所以,亲子间的沟通,主要的责任就在家长一方。

为了实现有效的沟通,家长一要尊重、信任自己的孩子,给予孩子更多的鼓励;二要改变观念,设身处地站在孩子的角度,理解孩子的心理;三要平等相处,讲究沟通的艺术,主动跟孩子沟通。如果一个孩子等到成年读大学以后,遇到喜欢的对象,也会真诚地咨询家长的意见,跟家长商量讨论,笔者想,这样的教育才是成功的教育。

为人父母者,可以放慢工作的节奏,挤出应酬的时间,放弃一些生意的订单,回到家庭,陪着孩子一起长大,这就是给予孩子成长最好的礼物。

有心而感悟

美味的"石头汤"

　　三年级的科学资料袋里有凤仙花的种子,要求孩子们尝试种凤仙花,于是到了春天,儿子自己种了几株凤仙花。这些凤仙花种在一个纸杯里,普普通通的一次性纸杯,里面就一小把泥土。凤仙花很好种,不久便发芽,长大。虽然生长的环境有限,但长得也很精致。叶子只有泡开的茶叶一般大,最大的两张也还没有超过我一个手指的横截面积。那只有笔芯一般宽、一般长的茎,红红的,嫩嫩的,特别惹人喜爱。但是如果隔一天忘记浇水的话,那一小团泥土就会风干,变白,于是凤仙花那细小的茎叶就犹如害羞的姑娘一般,低下头——蔫了。不过不要紧,倒一点水,过一两个小时,她又会骄傲地扬起娇嫩的身躯和脑袋。

　　我本以为,这样小,这样嫩的凤仙花不会开花了吧!结果前不久她居然不经意间开了花。两片叶子中间,长出一个个比米粒略微大点的小花苞,渐渐地,开出了两三朵粉嫩粉嫩的凤仙花,虽然也是那么小,但是花依然那样美,那样灿烂。不过,我还是很为这株小凤仙担忧,她那么瘦小薄弱的身躯,所吸收的水分和营养能承受得起开出艳丽的花朵的需要吗?

　　凤仙花是乡村最常见的一种花。院子里、菜地里,到处都是,头一年谢下的花籽自然就长出一株一株的凤仙花。花茎茁壮,比成人的手指是要粗多了,叶子也是长长的,比苋菜叶还大。长到一尺多高的时候,就长出了许多枝丫,远处看,一株凤仙花就是一大丛,开的花既大,也多,并且因为阳光照射,颜色特别的艳丽,也很丰富,有白色的,还有粉色的、紫色的。

　　而儿子种的凤仙花跟我们小时候房前屋后的凤仙花相比,在个头上,那就不可同日而语了。为什么？道理很简单，二者所处的环境不同，一个只是在窗台上一个小小纸杯中的一小团泥土中长大的，虽然经常受到我和儿子的照顾，但常常会因为缺水而枯萎。而乡村的凤仙花生长在广阔的土地上，经受风雨的洗礼和阳光雨露的滋养，自由自在地成长着。

由此想到我们的教育，现如今的孩子平日里家庭、学校两点一线，哪一个不是在我们家长的呵护下，在一个被束缚的、狭小的空间中长大？现在的学校生活，相对来说比较封闭，是一个自成体系的学习环境。而一个班级的老师在一定的时期内是固定不变的，而且教师又有教学目标和教材的限制，因而给予学生的教育往往不是全方位和面向所有个体的。尤其是当下安全责任不够清晰的情况下，学校与社会进行有效沟通交流比较贫乏，对于校外社会教育资源的利用不足，造成对人类优秀文化遗产的学习和继承不到位，这对孩子的成长非常不利。如果不积极予以改善，孩子将来能接受生活中各种困难的洗礼和挑战吗？

孩子成长需要空间。空间越大，成长的可能性才会越多，对过早入侵童年的世俗化力量才有更强的抵抗力。一位12岁的中国女孩在俄罗斯就读时，参加学校的"夏令营"。那里没有严明的规矩、紧凑的安排，而是由孩子们自由选择，可以不参加任何活动，待在宿舍里看书，甚至睡大觉！她还参加了漂流兴趣小组，和同学划着皮艇漂流到了白海。14天后，她晒得黑黑的回来了，特别兴奋，说自己看见了棕熊……孩子的监护人很感慨：这样的经历将使孩子"终身受益"。

开阔的教育空间，让孩子体会到"脚踏大地，仰望星空"的生存状态，也让他们感受到一种生命的自由感，这是学科知识代替不了的，却又能促进孩子生长的"营养素"。要知道，我们的每一个孩子都是独特的个体，需要全方位的教育营养的滋润。

那在当下教育环境中，孩子生活空间需求和现实之间的矛盾该如何解决？最好的方式就是发掘和利用家长资源，让家长参与到班级的教育之中，组织开展社会实践活动，让孩子享受更全面和优质的教育服务。这会是一

个有效的解决途径。

记得新教育实验的总设计师朱永新教授曾讲过一个现代寓言故事。20世纪末,一位学者来到一个很贫瘠的山村。在那儿,人们已经习惯于贫穷,甚至愚昧的生活。他们从内心接受了现状,不愿意为生活做任何努力。对于远方来的客人,村民很遗憾地说:"真的非常抱歉,我们没有什么东西招待你,我们这儿穷啊,只有满山的石头!"这位学者拿起一块普通的石头,细细看了一会儿,然后告诉他们:"这可不是一块普通的石头,它能够熬出一锅非常鲜美的汤羹!"村民们用疑惑的眼光看着他,没有人相信石头还能熬出汤。于是,学者在村头支起一口大锅,装满清水,升起火,然后把这块石头洗净放进水里煮。当水沸腾后,他轻轻搅了一下石头汤,尝了尝说:"味道非常鲜美,只是我没有带盐,你们谁家有盐拿点盐来。"马上有人拿了点盐来,放入锅中。他又说:"如果有虾米更好了。"很快,有人找来了虾米。学者笑道:"能有野菜更绝了。"正好,一个小女孩刚刚从山上采野菜回来,便洗净放在锅里。接下来,学者还向大家借了一点味精、肉末、醋和酱油。此时,漫山遍野开始弥漫着浓浓的石头汤的香味。村民们惊呆了,原来石头能够熬出这么鲜美的汤来,于是心里开始燃起希望。

丽水市实验学校的家长,绝大部分都是市直机关单位的工作人员,很大一部分都有高等教育的学历,有许多还是所在行业的佼佼者,具有一项或者多项的特长。只要把他们的创意、热情装进班级教育这锅石头汤里,共同烹煮,最后就能创造教育的奇迹。

侯爸,家委会主任,机关公务员,擅长摄影,交际广,为人热情,有爱心,喜欢做公益活动,积极主动,乐于奉献,有丰富的社会服务资源。家委会六年的规划,每年大型活动的策划、实施,所有活动的文字、影像素材等资料的收集整合……一切亲力亲为,毫无怨言。

徐妈,家委会副主任,精通法律,资源丰富,沟通协调方便。

李妈①,家委会计划财务员,从事财务工作,熟悉业务,经手的班级所有收支账目清清楚楚。

李妈②，从事幼教事业，了解低年段小朋友心理，对组织亲子类活动有着丰富的经验。每次班级的艺术节和运动会入场式都尽心尽力编排，每次活动所需的道具、录音、化妆等都安排得妥妥帖帖。

吴爸①，医务人员家庭，对各类活动组织提供医务处理等安全保障工作。为人热心，擅长摄像，承担班级的视频拍摄。

吴爸②，为人热情，做事认真，活动的组织策划从不推脱。

刘妈，在对外宣传、文章撰写、文字处理、博客维护等方面有丰富的经验。

赵爸，长期从事教育系统行政管理和学生管理，原机关幼儿园家委会负责人，熟悉家委会工作。

张妈，后勤保障，对班级的活动积极主动配合、协助，爱好摄影。

留妈，从事预决算工作，精通财务处理。原机关幼儿园家委会成员，曾策划组织各类活动，熟悉家委会工作。

正是因为有这一位位热心公益事业，愿意为班级付出的家长的集体智慧，才有了班级六年来丰富而生动的活动，才有了孩子健康快乐的童年生活，才有了如今这一锅别具风味的"石头汤"。

工作没有优劣，只有分工的不同。无论是哪一位家长，都有自己的个性和特长。只要班主任做一个有心人，善于发现和挖掘家长资源，家委会的活动一定会有声有色，帮助孩子获得最开心的童年，实现最好的发展。

巴学园的小林校长

有心而感悟

"什么是真理？真理就是错误生出来的儿子，错误就是真理他爹，所以我们要善待错误。"

多么有哲理的一句话啊！错误，每一个人都会犯，尤其是心智尚未成熟的孩子，犯错误应该是每天的家常事。记得有人说过："如果学生不犯错误，那就根本不需要老师了。"老师应该帮助孩子找到犯错误的原因，指导他们改正缺点，发扬优点。但是，很多教师在对待学生的错误时，总是急不可耐地进行批评教育，很少会静下心去了解一下为什么会犯错误。

我以为孩子犯错可能有这么几种情况。一是缺乏相关知识，完全是一种无意的犯错；二是由于贪玩的天性，明知可能会犯错，但是由于自制力不足而导致犯错误；三是出于好奇心，想了解未知的事物，结果造成错误；四是想引起别人的注意，故意犯错误，让别人关注自己。

我所想到的四类犯错误的原因，基本上都不存在道德品质范畴的错误，因此，这些错误其实都不应该受到批评。有的是需要教师帮助学生寻找原因，认识错误导致的不良后果，帮助建立良好习惯就可以改正的；有的是值得鼓励和支持的错误，就像文中所说的，可能是"真理他爹"，不应轻易批评，否则我们扼杀的是真理，是人才；还有的错误需要引起我们反思和改变，根本不是孩子的错。

《窗边的小豆豆》是日本作家黑柳彻子写的一本风靡世界的畅销书，被广大媒体和读者评为"20世纪最有影响的作品之一"。书中讲述了作者小时候在巴学园上学的一段真实的故事。在原来的学校，一年级的小女孩豆豆是一个淘气的孩子，上课时注意力不集中，总是开关桌子，站在窗前跟路边的宣传艺人打招呼……结果被学校退学。面对这样经常犯错的豆豆，妈妈没有一味地责备，而是用自己的爱包容她。她怕退学这件事会给孩子心理留下自卑的情结，只对小豆豆说："我们去一个新学校吧，听说那里很不错呢。"于是在妈妈的悉心爱护下，小豆豆来到了新学校——巴学园，遇到了一位与众不同的校长。第一次见小豆豆，这位小林校长就微微笑着听小豆豆不停地说了4个小时的话，没有一丝不耐烦，没有一丝厌倦。虽然小豆豆还经常会犯各种各样的错误，小林校长却常常对小豆豆说："你真是一个好孩子呀!"不管哪个学生做了错事或者是惹了麻烦,小林校长都能够耐心地倾听他们的申辩,而且当那个孩子确实做错了事时,或者承认"自己不对"时,校长也只是说:"去认个错吧!"在小林校长的爱护和引导下,小豆豆对自己充满了信心,一般人眼里"怪怪"的小豆豆逐渐变成了一个大家都能接受的孩子。巴学园里亲切、随和的教学方式使这里的孩子们度过了人生最美好的时光。

试问,我们每一个人谁没有在自己的成长过程中犯过错误?其实犯错也是人生成长的一门必修课程,我们一定要学习小林校长的做法,给予孩子更多犯错的机会,让孩子自己在错误中经历体验,成人需要的是善待孩子的错误,让孩子逐渐成长。但是也并不是所有的错误都一视同仁,所谓真正的错误,需要被批评的,我想应该是那一类道德品质层面的,非常恶劣的行径。"人之初,性本善",孩子在道德层面上犯错的,实际上是微乎其微的。由此,我们今后一定要弯下腰,善待孩子的错误,静心思考,寻找相应的解决办法。

花开有时

分数,是孩子学习生涯中必须要面对,但又是令所有人感到非常纠结的一件事。从正面来说,考试分数,既是教师进行教学情况检测评价的一个手段,也是孩子升学的一个重要依据。除了毕业升学的分数事关孩子的择校,对待其他所有平时的检测考试分数,无论是家长还是老师,都要有一颗平常心,不要一味地关注分数的高低,而是要分析分数背后所存在的问题,帮助孩子发现不足,提高学习能力。

根据笔者从教经历的观察,由于部分家长盲目攀比,过分关注分数,还

有心而感悟

有时下对学校、对教师评价方式的单一性,以及教师教育教学能力的欠缺,每一次检测前,学生都要经历比较简单的机械化繁复训练——美其名曰复习,以期提高分数。可是,这种缺少思维含量的机械化练习,不但提高分数的功能不大,还增加了孩子作业负担。

家庭作业,它的功能无非就是预习和复习巩固。目前预习的功能弱一些,基本上是以复习巩固为主。但是要实现作业巩固功能的前提是孩子自己乐意学。如果孩子本身对作业、对学习没有兴趣,那么作业基本上就失去了其正向的作用。据笔者的观察,家庭作业很多时候更多发挥的是负面作用,就是把教师在课堂上辛辛苦苦培养起来的良好学习习惯,在烦琐、重复和单调的作业中消耗殆尽。

作为从教20年的老师,笔者对于布置作业这件事,也是在外部环境的变化下不断地思索、挣扎和改变着。10多年前,学校分数压力小,于是作业也少,只是注重学生的日记随笔,学生写得有滋有味,结果那两届学生素质反倒非常优秀,升入初中、高中后佼佼者不计其数,甚至目前还有在清华读博的。后来换了学校,随着上级对分数的要求不断提高,于是作业也比较多,但是仍然注重课外知识的积累和习作能力的培养,虽然学生苦点,自己觉得还不至于让学生感到枯燥乏味。前两年,随着自己思想的成熟,内心的强大,已经不再在乎外界对于分数的要求了。开学初就对学生承诺,每天的语文作业书写时间在20分钟以内(以写随笔为主,且有分层要求),课外阅读30分钟以上。这样学生每天都有时间读书,结果一年下来学生读了很多课外书,习作的能力也得到了很大的提升,最后跟同年级班级比较,期末考试成绩也并不差。从而更加巩固笔者减负并不会减质的理念。

作为教育者,绝不能把考试的分数作为目标,而应把学生一生的成长作为目标。记得微信上有一篇文章《小学成绩的虚伪性和欺骗性》,笔者非常认同它的观点。小学的分数跟个人素质以及今后初中、高中的学习水平都是没有必然联系的。但是目前由于行政对教育的约束,许多学校将上级的压力转嫁到老师身上,教师最终转移到学生那里,于是为了班级学生考一个好分数,许多不够自信的老师只好布置更多的作业,希望学生在考试中能获得高分。这样的结果就是让学生受苦。

作为学校的管理者,笔者对于分数的概念是比较淡薄的,我不希望教师用题海战术来获得高分,也不希望用这样的高分来衡量教师本人的提升和奖励。所以笔者常常告诉老师们,如果你们班级的成绩与平行班或者兄弟学校差距在一两分、两三分之间,那是非常正常的。如果差距5分或者10分以上,那可能你的教学是有问题的,就要思考,如何改善教学,尤其是要思考如何激发孩子的学习兴趣,让孩子主动学习来提高课堂教学效率。笔者也在极力推广生本教育,要求课堂上教师减少不必要且无效的讲解时间,每堂课保证10分钟的作业时间,让学生在课内完成作业,这样课外的家庭作业就会减少。

2014年底,教育部发布了《关于普通高中学业水平考试的实施意见》和《关于加强和改进普通高中学生综合素质评价的意见》,启动了新的一轮高考改革,到2020年基本完成,那么当下的小学生就是今后新高考改革的最早参与者。这一次高考改革方案中就明确提到一条"文理不分科"。笔者以为,今后的高考涉及面将更加广泛,更加注重对学生综合素质的考核。因此今后的教学中,一定要创设更多的机会,让孩子多参加各类活动,在活动中体验快乐,收获成长。还要创设良好的阅读氛围,重视孩子阅读习惯的培养,让孩子每天读书,读各种各样的书,在阅读中提高了解和积累的能力。

功利主义使素质教育简化成了分数,它是学生进入高一级学校的"敲门砖"。于是,学生不管学习什么,不再是发于喜爱的初心,而是因为外在的"有用"。与中国教育形成鲜明对比的是,国外名校对于分数的微小差异并不看重,更看重的是孩子的综合素质。美国哈佛大学鳄鱼合唱团的一位成员说,再好的歌喉,也唱不开哈佛的大门。学生们参加合唱团,完全是出于纯粹的喜爱。从丽水走出的哈佛学子陈颉祺,小学时成绩并不突出,直至初中,虽然学习中显示出与一般孩子不一样的能力,可也不是每一门课都能拿最高分。但是他有一个很好的学习习惯——反思。每一门学科的学习,他

有心而感悟

都进行有效地反思,通过反思,寻找最有效的方式,从而取得最高效的学习效率。

社会动机加剧了功利主义的力量,扭曲了童年的价值,绑架教育走上了轰轰作响的战车,以至于许多人把渡河的舟楫当作了彼岸,也让师生背负了沉重的负担。

大约20年前,美国面向小学生征集最聪明的一句话。其中有一句是这样的:"我的手很小,请不要往上放太多东西。"

《你舍不舍得"用分数换素质"》一文中郭教授给每一个人提出了一个问题,一个大大的问题:家长舍不舍得用分数换素质?首先就要考虑分数是什么?如果一个孩子分数很高,但却不是一个人格完善、素质全面的人,甚至是一个连自理能力都不完全具备的人,作为家长,你舍得吗?答案可想而知。

教育一定是追求最后结果的:孩子长大有出息,甚至是成功的。但是成绩好只是成功的标志之一,不是全部,衡量一个人成功与否,标准很多,因为社会本来就是丰富多彩的。

笔者在本地的学生考试时做了一次不完全的统计,按照目前的各项升学率,小学毕业成绩优异择校进入优秀初中的学生大概为20%,3年以后,这部分优秀学生能进入重点高中的大概也就30%,而其他普通初中的学生进入高中的比例就更低,大概10%也不到,这样加起来,所有学生能进入重点高中的比例应该是10%以内,然后重点高中能考入重点大学的比例在30%左右,结果所有学生最后考入重点大学的也就3%左右。相对于同龄人,已经是凤毛麟角了。难道目前的体制下就只有这3%的人才是成功的,将来我们的社会也只有这3%的人才是成功的吗?

因此,我们的许多父母,尤其是孩子刚进入小学的年轻父母,一定要跳出"世人黑白分,往来争荣辱"的世俗理念和意识,一定要透过分数,看到教育的本质是陪孩子快乐成长。

许多例子告诉我们,小时候成绩不好,并不代表将来什么都不行,孩子成功成才的标志很多。人生是一场看不见终点的马拉松,不在乎前面你跑得快,而是看你的坚持和耐力,所以即使现在孩子成绩不好,也绝对不能全盘否定,而是要不断鼓励,让孩子学会不放弃,慢慢找到属于自己的人生。

"舍得,等待,让果树生长而不是总开花给人看,一直等到它真的可以开花了才开花,让馒头有时间在不开盖的锅中得以蒸熟,让我们大家,包括学生在内,都不要过分在乎成长期教育中的得失。"

笔者知道,个人的力量是单薄的,但是,只要坚持做好笔者该做的,在力所能及的范围内,守护笔者的孩子和笔者身边的孩子,让他们不仅学好功课,同时多参加社会实践活动,积蓄能量,等到花开的季节开出艳丽的花朵,等到结果的时节结出硕大的果实,那就是笔者最大的期望。

让阅读像空气一样

鸟儿在蓝天自由翱翔,离不开坚硬的翅膀;树苗长成参天大树,离不开肥沃的土壤;人的全面成长,离不开深厚的文化底蕴。文化底蕴来自丰厚的阅读积累。

科学研究表明,绝大部分孩子的智力是差不多的,只是因为教育经历不同和阅读量的差异,才最终成为不同的人。记得苏联著名教育家苏霍姆林斯基曾说:"为什么有些学生在童年时期聪明伶俐,理解能力强,勤学好问,而到了少年时期,却变得智力下降,对知识的态度冷淡,头脑不灵活了呢?就是因为他们不会阅读。而有的孩子在家庭作业上下的功夫并不大,但他们的学业成绩并不差。这常常是因为他们有较好的阅读能力。而好的阅读能力反过来又促进智力才能的发展。""一个人的精神发育史就是他的阅读

有心而感悟

史。"这是新教育实验创始人朱永新教授积极倡导的一种理念。对于课外阅读，尤其是对于整本书的阅读，美国有一项研究表明：如果在小学四年级前，不经常挑战阅读整本书的话，就会丧失阅读整本书的毅力和意志。

得语文者得高考。语文能力非一朝一夕就可实现，须通过长期的大量阅读积淀。因而，如果现在的教师平时只是围绕单薄的教科书，忙于以本为本地教书，家长还是目光短浅，只关注孩子的分数，而学生忙于完成堆积如山的作业，这是远远不够的。

因此，需要建立长远的目标，要为孩子的成长负责。为了让每一位孩子健康成长，笔者认为有必要大声地疾呼：让阅读走进每一位孩子的生活！

让阅读走进课堂。许多一线老师由于各种条件的限制，对于课外阅读的认识还有很大的局限性，认为课外阅读只是课堂之外的阅读，教师所要做的就是推荐学生课外阅读书目和要求，解决读什么这个问题。至于怎么读，如何反馈学生的读书情况等，基本上就是家长的事，教师不会在课内涉及。

而在基础教育的小学阶段，学生普遍还不具备独立阅读的能力，甚至还没有课外阅读的兴趣和爱好，如何让孩子养成阅读的习惯和爱好，是非常迫切，也是非常重要的一件事。课外阅读不应该是课外的事，它是课内阅读无法替代的，是对课内知识的补充和扩展。那么怎样才能让阅读走进课堂呢？

首先，要把课外阅读课开设起来。老师要舍得用课堂教学时间，让孩子静静地读书。"阅读是个性化的行为。"阅读的兴趣从哪里来？从阅读中来。要培养兴趣，首先就要让每一个孩子读起来，在课堂教学时间内，在教师的督促下，在同伴的影响下，在整个读书氛围中，让每一个人静下心来读书，一点点地积累。时间久了，一旦学生发现了其中的乐趣，学生的阅读兴趣被喜爱的故事激发出来，然后在老师有计划的安排之下，逐步由课内走向课外。

其次，作为老师还需加强对课外阅读的指导，解决阅读方法。语文是实践性课程，应着重培养学生的语文实践能力，而培养这种实践能力的主要途径也应是语文实践。课外阅读的方法很多，但并不是一朝一夕就可以达成的，而是在阅读的过程中一点点地渗透。例如读封面，读作者介绍，读书本的目录、主要内容等，教师可以示范阅读，学生间相互交流阅读感想，等等。尤其是当一个孩子遇到困难，难以继续阅读或者因无味、走神等无法继续读下去的时候，教师就要及时提供帮助，适时地提醒学生学会跳读、选读等，尽量让孩子找到书本中最感兴趣、最能引起阅读期待的篇章，从而突破阅读困难，不至于出现半途而废的现象。

最后，要进行课堂读书交流活动。在大家读完一本书之后，教师可以围绕书本内容、人物特点、写作特色、读书体验等方面，选择孩子感兴趣的话题进行交流讨论，一方面给孩子展现自己阅读成果的平台，另一方面让孩子在交流碰撞中激发思维的火花，进一步提升孩子阅读的乐趣。

让阅读走进家庭。对于课外阅读，每一位孩子的家庭条件不同，阅读的喜好和习惯往往差别很大，尤其是在目前的社会氛围下，许多家庭阅读氛围淡薄，孩子无法养成良好的课外阅读习惯，因此，学生的课外阅读水平和阅读能力参差不齐。

许多家长都抱怨自己的孩子不爱阅读，不会阅读。可是作为家长，是否曾想过，一个没有书籍、没有阅读氛围的家庭，父母每天不是以电视、电脑，就是以麻将、扑克作为娱乐消遣，他的孩子可能会爱上阅读吗？

亲子阅读是培养孩子阅读习惯的一条行之有效的途径。许多当代著名的学者专家在提到如何培养孩子时都提到了这样的事例。孩子入学前，父母每天都应抽出时间读故事给孩子听，让孩子感受故事的魅力。等到孩子入学识字后，家长应带着孩子一起阅读，并经常就故事情节等进行亲子间的交流探讨，激发孩子的阅读兴趣，慢慢地孩子就会感受到阅读所带来的无穷乐趣，就会主动到书本中寻找阅读的乐趣，从而喜欢上阅读。

一个家庭要形成良好的阅读氛围。而现在许多家庭的现状是，无论家长还是孩子，回到家的第一件事就是打开电视、电脑，这对培养孩子的阅读习惯是非常不利的。家长应想法子让孩子尽量少看电视、电脑，除了新闻或者教育类的节目外，最好不开电视，即使要开，也应避开孩子在家的时间，这样孩子才会把空闲的时间放在阅读上。一旦孩子发现在家里没有其他的娱

有心而感悟

乐,看到自己的父母每天都是把读书作为自己的业余爱好,那他的兴趣就自然而然地集中到书本上来,这样孩子就会逐渐养成阅读的习惯。要知道,榜样的力量是无穷的,尤其是父母阅读的榜样对孩子的影响是非常深远的。

创新载体,让阅读更有趣。阅读是一种枯燥的行为,在还未了解故事内容和趣味性之前,即使有教师的介绍和推荐,以及家长的陪同,孩子对书籍的阅读兴趣也是有限的。《小学语文课程标准》也提倡"关注学生通过多种媒介的阅读",而目前由于电影内容的不断丰富,许多经典的文学作品都有相应的影视作品。因此,采用多媒体手段,通过教育者对影视作品的剪辑加工,向孩子展示文学作品的故事情节和经典片段,激发孩子的阅读欲望,也是一个非常有效的手段。

例如《鲁滨孙漂流记》《爱丽丝梦游仙境》等书本的阅读,就可以先下载电影,然后用软件进行剪辑,选择几个片段,给孩子进行播放,让孩子既了解故事情节,也感受电影的精彩画面,还能体会到人物的特点,并且还可以通过把电影和书本内容进行简单对比,激发孩子对整部电影的观看兴趣和对原著书籍的阅读兴趣,从而打开通往课外阅读的大门,让孩子开始一个崭新的阅读之旅。

家校合作,用奖励巩固孩子的阅读兴趣。孩子不爱读书,很大一部分原因是他的读书行为得不到别人的认可。教师可以奖励学生,但是如果一味采用精神鼓励的方式,久而久之,对于学生的激励效果也是要打折的。因此如何做好家校之间的沟通,让家长加入鼓励、奖励孩子的行列,将有助于激发学生的积极性。许多优秀教师会设计"阅读喜报"或阅读卡,上面除了写上学生所读书籍的名称,还留有空白处,由学生自己填写最想实现的一个小愿望,这个愿望主要由家长在一周内予以满足。每当学生读完一本书,由家长在书籍的扉页写上一句鼓励的话语,然后把书交给教师,学生就可获得一张喜报或阅读卡。

家长对孩子读书的过程进行监督,读完及时写一句鼓励的话语,以证明孩子读完书籍,等孩子得到教师颁发的"阅读喜报"之后,就可以按照孩子的要求,满足孩子的一个小愿望,既可以带孩子买一件喜欢的文具、玩具,亦可带孩子享受一顿美味,看一场电影,还可带孩子去一次游乐场,或让孩子攒足足够多的喜报,满足孩子一个大的愿望。总之,要让孩子在读完一本书之后,不仅有精神上的满足感,而且有实实在在的物质上的满足。

教育不是学校或教师单方面作用的结果,尤其是课外阅读能力的提升,仅仅依靠教师是很难实现的,还需要家庭的配合,家校的教育合力形成才是最有效的。

空气,生命的需要,自然的赋予,每天能呼吸到新鲜的空气,如今也变得是一种奢望。阅读亦如此,丰富的课外阅读,充满乐趣的课外阅读,让每一个孩子无拘无束徜徉在阅读的世界中,是我们努力的追求。让阅读也像空气一样,成为孩子生命的需要,每天在一个个美丽、神奇、新鲜的故事里,感受语文的魅力,放飞想象的翅膀,接受文化的熏陶,定会成就孩子美丽的人生。

青蛙博士的跳蚤实验

华南师大教授郭思乐虚拟了这样一个例子:

青蛙博士研究跳蚤。他喊一、二、三,发现跳蚤在跳,接着他把跳蚤的腿折断,再喊一、二、三,跳蚤不跳了,再喊,还是不跳。于是,青蛙博士书写研究报告:在把跳蚤的腿折断以后,跳蚤就成为聋子了。

很明显,青蛙博士在发现问题后的归因上发生了错误,跳蚤跳不起来的原因是腿断了,而不是耳朵聋了。

那教育者在教学的实践中出现问题时,该怎么样归因呢?是否也会犯与青蛙博士一样的错误呢？尤其是当教学的效果不理想时，老师大多认为自己的教学还没有落实，错出在教师的"教"上面，于是就不断改进自己的"教"，更加深刻严密地说教，以期将所谓的知识点讲解透彻，让学生快速接受，最终的效果是否理想呢？来看笔者一位学生对教师课堂教学的描写：

> 老师一进门，大家立马安静了下来。老师说："拿出你们的《课时特训》！"于是，就听见"汹涌澎湃"的拿书、翻书声，老师就开始讲了起来，还不时点名让大家回答问题，大家还是兴致勃勃的。下课铃响了，按理来说老师可以拖延几分钟（可以拖延一两分钟，因为我们都已经习惯了），但过了七八分钟，她还在讲，好像下课铃对她无效一样，也仿佛一点没听到。随即，下节课的上课铃又响了，她便跟上课铃较上了劲，提高了嗓门，上课铃斗不过她，只好不吱声了。老师依然喋喋不休地讲着。
>
> 大家无语了……

为什么教师辛苦地付出，只为让学生多学点知识，而学生却一点也不领情呢？

其实作为教师，我们首先要反思的是自己的教学，要认真思考什么是有效的教学。学习，主要是学生自己学会的，而不是教师教会的。从教师的"教"到学生的"会"之间有一个"学"的过程，这是一个主动获取知识的过程。如果学生缺少这样一个过程，那么无论老师的"教"多么精彩，也是没有效果的。

家长在家庭教育中遇到问题是否也跟青蛙博士一样呢？例如孩子犯错误时，父母就不厌其烦地进行说教，摆事实，讲道理，唯恐孩子不懂，迫切希望话到病除，马上改正。大部分孩子口头承认自己的错误，并答应改正，可是下一次，类似的错误还是会发生，于是家长又开始新一轮的说教。教育的故事就这样不断地重复着。

由此可知，所有的一切就在于我们的归因没有找到教育的机理。提高教育效率的最大因素在于孩子的学。只有激发了孩子学习的主动性，让孩子在学习过程中亲身感受到获取知识的过程，并进行了深刻的思维体验，这才是有效的学习。

自学，是最有效的学习方法。在教学的过程中，教师要牢记学生才是课堂学习的主体，只有找到问题的关键，才能提出解决问题的有效方法。谁说不是这样呢？

教师对学生的不放心，最突出表现在家庭作业的布置上，特别是到了复习阶段，教师往往要给学生布置一大堆的家庭作业。可是教师是否思考过，这中间又有多少作业是无谓的、机械重复的劳动呢？对提高学生的学习和能力有多少作用呢？要知道，很多孩子回家做作业的状态跟在学校时是完全不一样的，作业的质量要打很大的折扣。许多时候家庭作业只能是让学生养成不认真完成作业的习惯和增长孩子的厌学情绪。许多优秀教师往往更加注重自己课堂 40 分钟的教学效率，而对于家庭作业的布置是开放的、轻松的。例如阅读和资料的收集等，只是作为课堂教学的有效补充，而不是课堂教学的延伸。因为他们非常相信自己的学生，认可他们。

家长也是如此，为孩子购买额外的辅导资料，增加孩子的课外作业量，或者为孩子报名各种各样的补习班，何尝不是同样的心理呢？但其间的效果又如何呢？孩子在学校都已经不愿意学了，那些没有多少纪律束缚，也没有特别精彩教学的课外辅导班，会让原本已经厌学的孩子喜爱上学习吗？

作为老师，真正完全不负责任的是少之又少的，更多的是处于一种胸怀爱心却又无计可施的状态，更由于缺少静心思考，做了许多吃力但效果并不明显的劳动而已。因此，对于孩子的信任是非常重要的。只要我们在内心深处不断地相信我们的孩子，他们是可以成功的，这样我们就会在课堂上学会尽量减少自己不必要的讲解，让孩子主动思考，主动学习，课外大胆地解放孩子的手脚，增长学识，这样孩子就会得到全面有效的成长。

关于"教"与"学"，社会学家郑也夫先生在其《吾国教育病理》一书中，对

有心而感悟

《论语》进行了专门的统计,发现书中"学"字出现了 56 次,而"教"字只出现 7 次。于是他得出:"知识是可以在短时间内灌输进去,但是记住哪些取决于主观,没有了起码的爱好,听过的东西多半是要忘记的。并且教的只是知识,要将知识转化为技能和智慧,全靠自己的操练、思索、融会。"可见,"教"与"学"的重要性是无法相提并论的。

著名学者周国平 10 多年前在《各自的朝圣路》一书中就写道:"即使在教学正规的条件下,自学能力的培养仍是最重要的,一切有创造力的学者在本质上都是自学者。"

确实,"教"只是一种外力,而"学"才是内力。学习是自己的事,是需要内力主动参与的,如果没有内力的参与,无论外力有多大,效果都不会很好。

笔者也曾对"教"字和"学"字的造字本意进行了字典查询考证,有学者认为:"教"字在古文中常常写作一个"學"字加反文旁,即"敩"。在甲骨文里看得更加明白:一只手呈爪状,拿着一根钉在缝纫,缝合处呈爻状。旁边是一个很小的孩子在学习。由此可以看出,其实"教"的主要目的就是为了"学","教"是为"学"服务的。

而且一定要明白一点,所谓学校,就是"学之校",而不是"教之校"。可是目前的状况恰恰是教师往往认为自己的"教"非常重要,于是不厌其烦,滔滔不绝,一堂课就是教师一个人讲到底。即使是我们的课堂需要"教"这样的行为,但是这个教绝不是我们老师现在所谓的滔滔不绝地讲。教的本质是什么?是心灵感应。我们来看"教"字在甲骨文里的另一种写法"敎"。原来右边文下面是有"心"字的,说明教育是一种心灵的沟通。课堂上一味滔滔不绝地讲是不正确的。记得特级张化万老师在讲座报告中经常讲的一句话就是:"声音停止,信息消失。"教师千万不要迷恋自己的讲,也就是课堂上的"教"。"教"到底有没有效果?有多少效果呢?如果从"教"的反作用来看,有一个效果就是招致学生的反感,造成学生的厌学。这样的案例也不胜枚举。

关于教师的"教"和学生的"学"之间的关系,郭思乐先生有一个非常有意思的比喻：课堂教学就像是一只杯子，教师的"教"是杯壁，学生的"学"是杯子的容量。"教"少则"学"多，反过来，"教"多则"学"少。这不仅是时间的矛盾，更是因为"你都说了，还学什么"堵塞了学习者亲自探寻真理的道路，这就促使我们选择"小教大学"的教学指导思想。在教学中，教师经常是认为教了就教了，教了就会，忽视了"教"和"会"之间有一个永恒的中介，哪怕十分短暂，这就是"学"。

郑金洲先生在《教育絮语》一书中也写道："'教学'这个词语在中国表达的含义与西方有着显著区别，它既包含'教'，也指代'学'，是教与学的统一体。'教学'的含义不能总停留在表面上，在方法等方面也需要加以体现。讨论方法的开展，不能遗漏掉教学的另一方——学生。"

在当下看来，我们所推行的教育教学改革，关注较多的是"教"的一方产生的变化，对"学"的关注程度还有待进一步提高。

当代教育者的最大困境其实就在于"摁着牛头吃草"，一厢情愿地训练"牛嘴"要张开多少度，如何吃草，岂不知"吃草"是它的本能。当学生长时间在老师不断教的行为强化下，忘记了自己该怎么学，那就是一件非常悲哀的事。所以变"被动教"为孩子的"主动学"，是当前教育走出困境的唯一通途。

最好的教学是让学生在学习过程中拥有足够的自由空间，使学生能够充分地调动原有的知识储备，选择适合自己的方式学习，不限制学生的思维，使之干其所干，想其所想，大胆发表自己的观点和想法。只要解放了学生的头脑，还给学生自由，让他们有更加广阔的发展空间，我们的教育改革就达到了目标。

非常欣慰的是，由于互联网的全面普及，翻转课堂已经不可阻挡地成为教育的新趋势。在家借助互联网学习知识，到学校后在老师的指导下完成作业和交流，将全面颠覆现有的学校教育模式，全面实现自主学习，借助互联网解决困扰教育的难题指日可待。

有心而感悟

有感而留痕

图 1　班级家委会成员合影

图 2　班徽

图 3　学习成长精选影视系列片

图 4　集体成长纪念册

图 5　家庭教育座谈会暨亲子才艺表演活动之一

图 6　家庭教育座谈会暨亲子才艺表演活动之二

图 7　家庭教育座谈会暨亲子才艺表演活动之三

图 8 家庭教育座谈会暨亲子才艺表演活动之四

图 9 秋天我们去郊游之一

图 10　秋天我们去郊游之二

图 11　秋天我们去郊游之三

图 12　秋天我们去郊游之四

图 13　秋天我们去郊游之五

图 14　徒步登山迎金秋之一

图 15　徒步登山迎金秋之二

图 16　徒步登山迎金秋之三

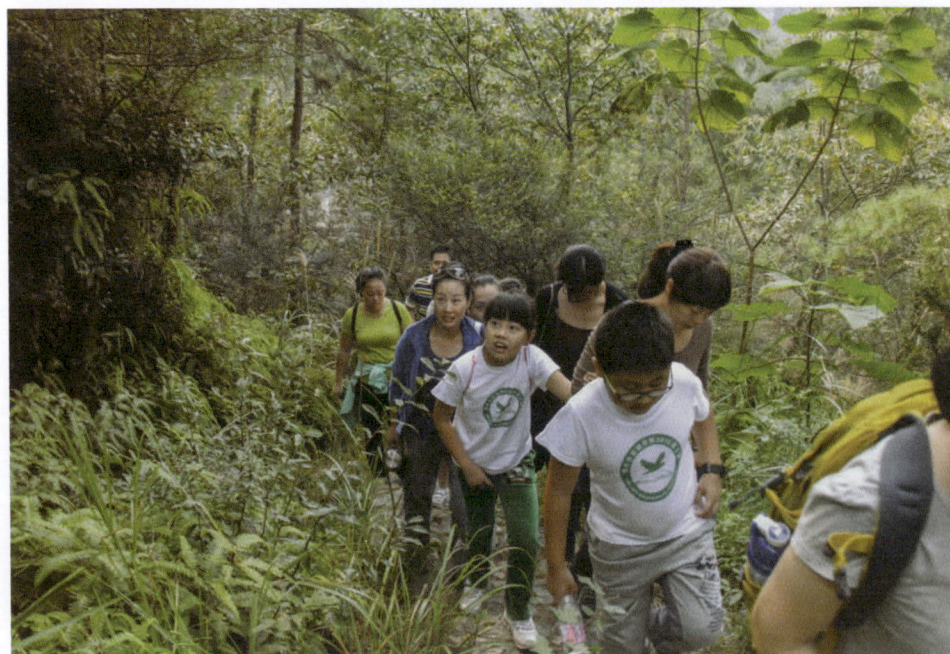

图 17　徒步登山迎金秋之四

图 18　集体生日 party 暨成长仪式之一

图 19　集体生日 party 暨成长仪式之二

图 20　集体生日 party 暨成长仪式之三

图 21　集体生日 party 暨成长仪式之四

图 22　集体生日 party 暨成长仪式之五

图 23　户外拓展暨创意摄影之一

图 24　户外拓展暨创意摄影之二

图 25　户外拓展暨创意摄影之三

图 26　户外拓展暨创意摄影之四

图 27　户外拓展暨创意摄影之五

图 28　爱国主义教育活动之一

图 29　爱国主义教育活动之二

图 30　爱国主义教育活动之三

图 31　爱国主义教育活动之四

图 32　爱国主义教育活动之五

图 33　爱国主义教育活动之六

互信携手，规范构建家委组织

　　群体是指由某些相互交往的个体所组成的人群，他们有共同的目标，稳定的联系，在某种程度上互相依赖、互相影响、互相制约，也可以称为"团队"。群体中还存在着一类非正式群体，就是没有明确规定，没有特定任务，组织不严密，管理松散的群体。其中家长委员会本应该是一个正式群体，是学校的常设组织。每一所学校有校级的家长委员会，每一个班级有班级家长委员会。由于许多班主任对家长委员会的意义和作用理解不到位，往往把年级家长委员会作为班级管理的一个点缀，只是为了完成学校布置的任务。而临时组织，管理也是非常松散的，只是作为一个非正式组织存在，因而其显现的效果也是不尽如人意的。

　　家长委员会是连接学校和家庭的纽带，能发挥桥梁作用和沟通作用。高效的家长委员会，是以情感为纽带，以爱好为基础，有较强的内聚力和吸引力，能为学生的学习、娱乐、生活和交往提供广阔的舞台；是实现家校合作最基础的保障；对于班集体开展丰富的校外活动，学生形成完善的个性有积极的作用。

　　为此，丽水市实验学校 2010 届一年级 2 班学生入学初，班主任老师就全面调查了解学生家庭情况和家长的个体情况。而后在班主任的组织下，倡导、动员对教育有理解、有激情、有行为推动力的家长，通过自荐和班主任推荐两种方式，在充分考虑家长的职业、兴趣特长、性别比例等各种因素后，组成了班级家委会(见图 1)。此外，通过学习、借鉴教育发达地区优秀班主任的做法，经过酝酿讨论，最终设立家委会主任、副主任、计划财务员、后勤

有感而留痕

保障员、宣传教育员、策划组织员等，其中策划组织员还兼任四个组的组长。

虽然组织成立了，但是如何把一个临时的社会组织打造成一个具有共同愿景，激发成员工作热情的高效运转的组织，其中还是有一些值得思考的问题。例如模仿政府公文形式，下发红头任职文件，对各岗位成员的名单进行公布，还把每一个成员的职责进行了细致的说明，对全班所有家庭进行分组，打造一个完整且分工细致的组织系统。虽然看似很简单的一份文件，但是对于参与其间每一位成员的心理感受是不一样的。要知道，文件的形式就是对人的一种契约要求，跟会议上简单的宣布比较，让人有一种庄严的心态，更加重视工作的开展。

接着，由家委会主任牵头，班主任协调，组织开展了一系列的会议，着手编制班级家委会的各种规章制度，用制度的形式规范今后的一切活动，让家长委员会逐步成为一个正式的群体，发挥应有的作用。在广泛征求意见的基础上，制订发布《丽水市实验学校2010级2班家委会章程》，章程包括总则、组织形式、工作任务、工作方式、经费、附则等内容，共计21条，确保了家委会工作的制度化、规范化。《章程》是组织和社团的纲领性文件，是根本性的规章制度。而且我们的章程还包含了班级建设的发展愿景，这有助于凝聚全体成员的心理预期和工作目标，也是对所有成员的契约要求。

在此基础上，制订《家委会工作六年工作规划》，对小学阶段的家委会工作进行了系统规划，提高了工作的计划性、实效性。他们明确自己的主要职责：积极与班主任和任课教师沟通学生思想道德状况；参加班级文化与班风建设；与班主任一起组织策划班级开展的育人活动。在明确职责的基础上，还确定了家委会的权利：班级活动、班刊发行、学生素质评价体系、班级重大事件等，家委会都拥有决策权。

经过这样一系列的努力，一个高效、严密、有共同目标和愿景的组织建设就基本完成了。在这一过程中，完全集中了全体成员的智慧和力量，体现了全体成员对于自己的孩子，以及整一个班级发展的良好愿望。而且通过拟稿、讨论、修改的过程，充分地让班主任对全体家委会成员以及家长团队的参与热情、个人能力水平、思想理念有了初步的了解,还让所有家委会成员在研讨过程中进行有效的磨合,为下一步深入合作打下扎实的基础。

周密策划,精心设计班级文化

班级文化,是在班级中创设的一种文化环境,制造一种气氛,树立一种样板,形成大家都喜欢和维护的习惯,并以此为教育手段,使学生受到潜移默化的影响。班级文化建设作为一种特有的教育力量,渗透于一切活动之中,它所形成的一种"社会——心理动力场",对学生心理素质的培养具有引导、平衡、充实和提高的作用。班级文化建设是以班风、学风、价值观念、人际关系和舆论等方式表现出来的观念文化和与之相应的行为文化和物质文化。班级文化建设的这种教育意义不同于课堂教育,它虽是无形的,但又是无所不在的,就像"润物细无声"的春雨,滋润着学生的心田,陶冶着学生的情操,塑造着学生的灵魂。准则的认同感和作为班级一员的使命感、自豪感和归属感,都能形成强烈的向心力、凝聚力和群体意识。

一般情况下,班级文化都是在班主任的引领下,在学生学习的过程中逐步构建的。刚刚入学的一年级小学生,由于认知的不足,班级文化的构建就会经历一个长期而缓慢的过程。但是在当下新的教育形势下,如何迅速有效地提出一些具体的班级文化建设的意向和要求,这就需要作为成年人的家长介入,帮助班主任一道建设班级文化。这不仅是一条非常有效的捷径,而且对于学生良好行为文化的形成有着非常明显有效的促进作用。但是"家校合作"是以促进学生发展为目的,家庭和学校两种力量互相配合、互相支持、互相协调的教育互动活动。"班级文化"即利用班级的精神氛围、文化

有感而留痕

制度、文化关系、文化环境等熏陶和培育学生文化人格的影响活动。班级文化不是一种刚性的、粗暴的、说教的固定模式,而是一种充满柔性的、温和的、情意的精神、制度、关系和环境的综合存在。

1.发挥孩子和家长主观能动性,营造班级精神文化

教室是学生学习、生活、交际的主要场所,是老师授业育人的阵地,是师生情感交流的地方。因此班级文化建设首先要抓好教室的环境布置,班级家委会要从细节入手,和孩子们一起布置温馨的校园生活园地。

全班同学参与设计班级名片,并集合大家的力量,将班级命名为"晨曦中队"。班徽(见图2)的外部是一个绿色的圆形徽章,上面写有"丽水市实验学校2010级2班"的中文及拼音标识,其主体图案是一个飞翔在书本上的蓝鸽,表现了以学习为路径,以飞翔为目标,以和谐进步、平安为要求的理念;班训为"拼搏每一天,充实每一天,快乐每一天";口号为"我努力,我进步,我自信,我成功"。

2.精心设计规划,整体布置班级静态文化

班级文化的布置不仅仅是班主任的工作,而是班主任和家委会一道合作努力的结果。

为丰富班级文化内涵,彰显班级建设特色,提升校园文化品位,每一学年班级教室要变化前,暑假中家委会就主动与班主任对接,开始设计新一年班级教室的文化布置。班级家委会提出从细节入手,和孩子们一起布置温馨的校园生活园地。如家长们主动参与班级图书角(即小小班级图书馆)建设,为孩子们提供宝贵的精神食粮。家委会为班级图书角的建设出谋划策,指导孩子管理好图书和使用好图书。许多家长还主动为班级图书角捐书,寓教育于无形之中。

又如家委会设计了"晨之源:班级VI视觉系统",让整个教室的设计主题鲜明,风格统一。

除了教室文化布置,家委会还创新形式,每一年设计一些具有班级特色的文化内容。例如平时不忘协助教师对孩子们进行尊师重道的教育,每逢新年、教师节都会制作电子贺卡或纸质贺卡,由孩子们把祝福送给每一位任课老师。通过这一系列工作,家委会不仅协助教师搞好了班级建设,在这些工作中也对学生进行了美德教育、责任心教育、环保教育和爱国主义教育。

3.精心策划拍摄,全程记录成长过程

孩子的成长转瞬即逝。2014年春晚,女孩大萌子与父亲一道成长的一组照片,加上王铮亮的一首《时间都去哪儿了》,感动了万千观众。把孩子成长的点点滴滴用相机记录下来,已经成为许多家庭家长陪伴孩子最好的方式。作为家长委员会成员,如果能够记录全班孩子在学校六年的成长过程,这对每一位孩子,每一个家庭都是一笔最丰厚的财富。

家委会坚持在学校或班级重大活动时安排家长全程拍摄,每年底整合各活动视频,通过专业团队编辑制作DVD,共六辑,分别取名《晨曦》《晨光》《晨风》《晨曲》《晨旭》《晨晖》(见图3),并把它们作为新年礼物赠送给每位孩子。

此外,家委成员平时注重收集小学六年的学习、活动、生活等重大事项照片(学习、远足、春秋游、运动会、其他比赛竞技类照片),每年度在固定的地点、固定的时间给每个孩子拍摄成长个人照片,设计制作成对比照,冲洗并塑封赠送给孩子。设计1—3年级、4—6年级集体成长纪念册,分别取名为《晨之梦》《晨之语》(见图4),记录校园、班级、任课教师等六年的变化过程。

不管是DVD、对比照,还是成长相册,孩子们拿到手时,无不欢呼雀跃。家长们一直在充分利用各种可以利用的条件和资源,努力营造班级特有的文化氛围。家长们送出的不仅是一份礼物,更是让孩子们感受与学习凝聚力与团队精神。

有感而留痕

开发资源，组织实施创意活动

　　班级精神文化是指班级所形成的价值观、道德观、行为方式、人际关系、集体舆论以及各种认同意识所表现出的文化形态，它是班级文化建设的核心内容和深层结构要素，也是班级文化建设的出发点和落脚点。良好的班风能使学生自觉地约束自己的言行，抵制和排除影响班级荣誉的各种行为。通过建设优良的班风，孩子们能产生一种内在的激励因素，从而增强班集体的凝聚力。希望孩子们"学会做人，学会劳动，学会生活，学会求知，学会创造"，组成一个"乐学好学、健康活泼、团结合作、富有爱心"的班集体。

　　活动是班级建设过程中落实班级精神文化的动态过程。在活动中，学生可以逐步明确自己在集体中的地位和作用，密切了解个人和集体的关系，从而培养了学生对集体的责任感、荣誉感和自豪感。如果没有获得，学生就不会意识到班集体的存在，班级的文化也就不可能成为学生自觉的行为。

　　班级活动为学生提供了施展才能的广阔天地，使学生的各项技能得到释放和发展。尤其是丰富多彩、形式多样的课外活动，能适应各种层次学生的需要，充分展示他们各自的能力和特长，促使他们成长为个性各异、素质全面的人才，其作用是课堂教学无法替代的。

　　聚合家长力量，开发各种校外资源，是实现学校教育、家庭教育和社会教育一体化的有效途径。家委会根据班级特点，积极拓展活动内容，丰富了家长与学生、家长与学校交流形式，确定每年10月7日为班级亲子活动日，至今已先后举办六次大型亲子活动（见表1）。

表 1   活动安排表

活动时间	六大活动主题
2010 年 10 月 7 日	家庭教育座谈会暨亲子才艺表演活动(见图 5—图 8)
2011 年 10 月 7 日	秋天,我们去郊游(见图 9—图 13)
2012 年 10 月 7 日	徒步登山迎金秋(见图 14—图 17)
2013 年 5 月 10 日	我们十岁啦! 集体生日 party 暨成长仪式活动(见图 18—图 22)
2014 年 10 月 7 日	户外拓展暨创意摄影主题亲子活动(见图 23—图 27)
2015 年 10 月 7 日	鱼跃幸福养生暨爱国主义教育(见图 28—图 33)

活动展示(一):"嗨,很高兴认识你!"

开学啦!

对于小学一年级的孩子们来说,他们要迎接全新的蜕变,家长们要面临崭新的挑战,成长的问题呼啦啦拥在眼前。幼儿园宝宝变身成为一年级"小豆丁",这其中,将遭遇怎样的成长烦恼?

开学没几天,老师的 QQ、短信中被问得最多的就是:"老师,我家孩子上课怎样? 能认真听讲吗?""老师,我家孩子有没有捣乱,乖不乖?""老师,我家孩子胆子很小,麻烦您关注下。""老师,我家孩子又忘带文具了,我马上送来。"……开学伊始,家长的各种焦虑、不安和烦乱扑面而来。

面对全新的陌生环境,一年级新生会不会不适应? 进入新的学校,地点发生转移,曾经熟悉的事和人变得陌生,逐渐产生距离感,勾起内心怀念的同时还要被迫去面对和适应陌生的人、陌生的社会和生活环境,以及新的老师、新的同学、新的座椅、新的处所、新的交通工具等问题。孩子由于多变的环境而焦虑也是很正常的。

为了缓解这些焦虑,为了让老师、家长、孩子之间有更多地交流、沟通和了解,班主任和家委会决定策划、举办一场家庭教育座谈会。

时间定在 2010 年国庆假期。9 月 22 日,我们召开家委会成员会议,讨

有感而留痕

论《丽水市实验学校2010届一年级2班家委会章程(征求意见稿)》,通过实验学校102班家委会成员名单、联系电话及家庭活动分组安排,商量首次"家庭教育座谈会暨亲子才艺表演活动"有关事宜,并把这些内容上传至群共享,短信通知家长们上网查阅。各策划组织者(各组长)还一一电话通知本组成员,提醒了解活动有关注意事项。

10月7日,当大家来到活动现场时,家委会成员给以热情接待。会场有横幅,门厅有欢迎词,会场内被设计成环形的桌子上还摆放着每个家庭的台签、新鲜的水果和茶水。看着这庄严大气而又不失亲切的布置,再看看发到手上的精心制作的《亲子才艺表演节目单》,大家幸福感油然而生。这是一个团结的集体,这是一个充满干劲的团队,因为这一切都是家委会成员牺牲休息时间无偿奉献的。

活动在班主任的致辞中开始了,热情洋溢的讲话,殷殷祝福犹如片片冰心滋润了大家的心田。任课老师、家长代表也做了讲话。紧接着各个家庭代表的讲话紧锣密鼓地进行着。小代表们有的经验老道,毫不羞涩地介绍着自己的家庭情况,有的羞羞答答,半吞半吐,有的号啕大哭,不敢在这么多人面前讲话,有的经过家长再三鼓励,终于再次拿起话筒介绍了自己的家庭。是的,每个孩子都是不同的,因为每个孩子背后的家庭不同。教育没有固定的模式,了解孩子的性格特点,采取适合的方式与孩子交流,营造和谐的氛围,才更有利于孩子的健康成长。

活动最精彩的环节要属学生自荐才艺表演和游戏环节了。没想到小小的张多伊同学竟然给我们带来了一个神奇的魔术——大变活鸽。只见她穿着一件黑色的小礼服,戴着一副黑框眼镜,手拿一本薄薄的黑色封面的书上台了,那架势,活脱脱一个小魔术师啊!"嗨,我叫张多伊,很高兴认识大家!"看着她镇定自若地把书打开,快速翻页后合上,用手在右边的空中一抓,往书中一抛,又在左边的空中一抓,往书中一抛,大家想:活鸽,难道从书中变出来?怎么可能?正想着,张多伊朝我们神秘地笑了笑,我们屏住呼吸,瞪大了眼睛连眨都不敢眨一下。随着一声"变",张多伊瞬间从书中变出了一只雪白的鸽子,在她的手上扑腾着。"哇……太厉害了!"全场响起了热烈的掌声和欢呼声。真是太惊艳了,平时一个挺文静的小女孩,一上舞台竟然焕发出不一样的神采,那么自信,那么阳光,这在平时的课堂上是看不到的。给予孩子不同的展示平台,让每一个孩子都出彩,这不就是我们一直坚持在做的事吗?

王怡心和吴晨瑜带来了舞蹈 *nobody*。欢快的音乐,动感的节奏,优美的舞姿引得大家专心观看。乐器演奏、小组合唱、诗歌朗诵、故事表演……一个个生动活泼、别具一格的演出足见孩子们的多才多艺。

捞元宵、铺路前行、幸运大抽奖等游戏更是掀起了一阵又一阵的小高潮。

"铺路前行"的游戏是由多名小朋友组成的团体游戏。随着清脆的哨声响起,排在第一个的小朋友都以最快的速度冲出去,在前进的路线上丢下手中的垫子,紧接着快速接力,一边铺一边传一边前进。别看他们的动作似乎很简单,其实是在考验他们的协调能力和团队合作能力。你瞧,舒然已经在指挥后边的同学怎么传递更有效了,别看邹婕琳个子小,耐力却不错,徐晗智连玩游戏也是那么专注……旁边的孩子都挤到前面去为运动员们加油鼓劲:"加油!加油!"家长们看着孩子们的表现,也加入了加油的行列,孩子们和家长们的呐喊声一浪高过一浪。

游戏间歇,家长们聚在一起探讨各自的育儿经验,孩子们围在一起快乐地聊天、玩耍、嬉戏,老师们和家长孩子亲切地沟通交流。在这次活动中,家长发挥自身资源,积极参与,深入了解孩子的在校表现,更好地理解老师的教育理念,加深与老师、家长之间的交流,收获了满满的感动与快乐。

"嗨,很高兴认识你!"在今后的学习成长路上,让我们一起相知、相守,让我们一起携手前行,让我们一起创造属于我们的美丽人生。

活动最后,所有的家庭拍了第一张大合照。"咔嚓"一声,把美好的瞬间定格,留给大家美妙的回忆。

这次活动让老师更快地熟悉了解了每个家庭,包括家庭成员、家庭结

构、亲子关系，从而对每个孩子的生活教育背景有了更深入的了解，增强了教师和家长之间、家长与家长之间、家长与学生之间的交流，搭起了三者之间彼此沟通的桥梁。通过才艺表演，学生展示风采，锻炼胆量，家长得以了解自己的孩子在新集体中的状况。亲子活动交流，增进了亲情，开拓了孩子的生活领域，让孩子在家长的配合和教师的指导下接触新事物和游戏活动，也更加增进了老师、家长及孩子间的感情，增强了孩子们的集体意识以及班级凝聚力。

家长感言

参加102班家庭教育座谈会暨亲子才艺表演活动有感

经丽水市实验学校102班家委会精心筹划，2010年10月7日下午2:00—7:30在丽水市山水宾馆七楼多功能厅举行了丽水市实验学校102班首次家庭教育座谈会暨亲子才艺表演活动。作为家长，我参加了此次活动，感触颇多。总体感觉这次活动意义深远、内容丰富、针对性强、成效显著。具体表现在以下三个方面：

（1）搭建了一个家校互动的平台。教育是一个系统工程，它需要家庭、学校和社会共同努力。此次活动正好搭建了老师与家长之间、家长与家长之间、家长与学生之间交流的平台，架起了一座家校互动的桥梁。教育座谈会有利于老师了解学生在幼儿教育过程中和在家中的表现，有利于家长了解老师的教学思路和方法。

（2）营造了一个家庭交流互鉴的氛围。家庭教育是孩子教育的重要组成部分，也是一个永恒主题。俗话说："他山之石可以攻玉。"借鉴他人长处，扬长避短，是做好家庭教育的重要方法。在教育座谈会上，各位家长可以畅谈家庭教育过程中的利与失，与大家分享成功的喜悦，与大家探讨教育过程中存在的疑难和困惑，在这种畅所欲言的氛围中，增进了彼此的了解和互信，营造了一种台上台下互学互进的家庭教育氛围。

（3）创造了一个孩子自我展示的舞台。这次活动安排了孩子介绍家庭基本情况和亲子自荐才艺表演。孩子们各自展现了自己擅长的才艺。通过活动，孩子们充分展示了学生风采，增强了班级凝聚力。看到孩子流利地介绍和自信的表演，我们倍感欣慰和自豪。

教育事业是一个系统工程，愿以这次活动为契机，让我们一起携起手来，家校配合，齐心协力，为102班全体学生全面发展而努力。

活动展示(二)：秋天，我们去郊游

2011年10月的秋风，吹落了树叶，吹熟了果实，吹美了孩子们的笑脸。为了进一步熟悉老师、家长和学生，增强老师与家长之间、家长与家长之间、家长与学生之间的交流，拓宽孩子的生活领域，更好地发展孩子的社会交往能力；同时，也为了欣赏秋天里大自然的美景，体验郊游的快乐，激发小朋友热爱大自然的美好情感，并引导孩子们从身边的小事做起，从点滴做起，自觉拾捡垃圾，维护大自然的美好环境，10月7日，我们举行了亲子活动——"秋天，我们去郊游"。家长、老师和孩子们放飞心情，尽情游戏，真真实实地与大自然来了一次"亲密接触"。

上午8:00，全体师生、家长在丽水市行政中心南门集中合影，车队出发至丽水市新世纪休闲农庄。步入农庄，那儿依山傍水，地势平坦，垂柳依依的河道环绕整个农庄。农庄内环境优美，空气清新，绿树成荫，还有一大片绿草地，所有的一切都深深地吸引着孩子们。孩子们在草地上打滚、奔跑、追逐，好不快乐。

在主持人的带领下，大家还饶有兴趣地进行了"拉手""套圈"等游戏。在"拉手"游戏环节，孩子们按照教师的要求随机组合，当拉到旁边小朋友的手时，有的因为非常熟识而欢呼，有的因为相对陌生而显得腼腆。瞧，这也是一个与同学相识的好机会哪。当老师宣布比赛开始，无论是否熟识，孩子们都铆足了劲，涨红了脸，一个劲地往自己这边拉，欢呼声、尖叫声、加油声不断。比赛结束，原本不熟悉的孩子瞬间像好朋友一样，不停地交流着刚才的感受。因此，只需要我们创设一个机会，孩子们的交往能力就能得到锻炼

有感而留痕

和提高。

"套圈"游戏由于加了一个呼啦圈而更受孩子们欢迎。孩子们在家长的帮助下两两钻进呼啦圈里,比赛还没有开始,一个一个的呼啦圈已经开始在草地上游走,这不受控制的场面恰恰展现了孩子们在大自然中的充分释放。家长们则三个一群,五个一伙凑到一起,或讲述着孩子的经典笑话,或笑看眼前的场景,还有的主动帮忙维持秩序。游戏一开始,家长们一起为每一个孩子加油。在这里,没有你的孩子、我的孩子之分,家长对孩子们的爱在孩子之间、在草地上空流淌。游戏结束,孩子们收获了快乐,家长们之间也有了更多的交流。

最后的"拔河比赛"将本次活动推向高潮,但这其中也出现了一点小插曲。老师分组结束,个子高大的小朋友立刻得到全体同学的欢迎,而个子小的、力气小的孩子瞬间被冷落,甚至有一个孩子还对着另一个小个子女孩说:"你这么点力气,会拔河吗?"小个子女孩的眼泪立刻在眼眶里打转。教师和家长捕捉到这个细节,教师随即请孩子们就地坐下,临时加入了团队与合作的教育,当孩子们亮晶晶的眼睛看着老师,仿佛集体的意识慢慢流入孩子体内:他们意识到每个人都是集体的一分子,每个人都应该努力为集体荣誉而努力,所以,每个人都要鼓励和关爱集体中的每一员。之后的拔河比赛非常顺利,在家长们此起彼伏的加油声中,孩子们努力着、坚持着,比赛结束,胜利的一队欢呼不已,失败的那队垂头丧气。

这又是一个教育的好时机,面对失败,我们该怎么做?教师又开始了耐心地引导:"在学习和成长的过程中,肯定会遇到失败的,哪些同学在遇到失败的时候,能不懊恼、不灰心?"几个孩子举起手来,讲了自己参加比赛或学习技能失败后怎样在爸爸妈妈的帮助下调整了情绪。身边的例子特别能走进孩子的内心。在一个个榜样的影响下,笑容慢慢回到孩子们的脸上。最后老师提议父母亲给孩子一个大大的拥抱,作为刚才良好表现的奖励,同时也激励他们继续面对生活中的失败。

活动结束了,孩子们拿着一个个垃圾袋开始清理活动场地,即使是小小零食包装袋、小纸片，都不让它们留在草地上。快乐的歌声飘起来，整齐的队伍排起来，大家带着一天的收获踏着夕阳走上了回家的路。

　　这样的一次秋游活动，对于孩子们来说收获多多。孩子们走进大自然，与大自然有一次亲密接触的机会，虽说平时家长也会带孩子们出去游玩，但是与同学们一起收获的快乐和感受是不同的。看草地上孩子们相互追逐的身影，听孩子们银铃般的笑声，无不透露出孩子们的快乐。活动中组织的三次游戏，对他们来说也是一次锻炼成长的机会。孩子们在活动中有了与更多小朋友一起游戏的机会，特别是对不善于与人交往的孩子来说，无疑是一次很好的交往实践。同时，这也是一次很好的团队协作教育，现在的孩子多为独生子女，集两代人的宠爱于一身，平时大多以自我为中心，不善于与他人合作，但是拔河是一项需要合作的活动，孩子们在拔河中体会到个人力量的渺小，意识到只有融入集体中才能发挥更大的作用。是比赛就会有输赢，这个体验是家长和老师多少语言描述都无法替代的，感受到成功与失败的滋味，学会调整情绪，面对困难，这将是孩子们一生都要学习的课题。

　　在这次活动中，家长也是收获多多的。平时家长们都忙于各自工作，少有往来，这样一次集体活动给家长们创设了一个交流的机会。我们看到，在整个活动过程中，家长们交流育儿心得，聊聊家常，不经意间增进了情谊。同时还有许多家长参与了活动的前期准备、现场组织、后期整理。家长的参与，一方面能够让家长更深入了解班级和孩子的情况，同时也让家长感受到老师工作的辛苦，从而在今后的工作中给予老师和学校更多的支持和理解。有一位参与现场组织的家长就感慨地说："以前一直以为老师的工作就是一天两三节课，想不到老师的工作这么繁杂和辛苦，就这一个活动来看，要搞定这五六十个孩子真心不容易，老师们真的辛苦了。"

　　活动能得到家长们的认可与支持，顺利圆满地开展，教师们由衷的高兴。通过这次活动，教师们看到了家长平时与孩子交流沟通的影子，发现有的家长与孩子交流时特别有耐心和智慧，也有的家长方式过于简单粗暴，还有的家长对孩子过于放手。这给教师今后与家长沟通提供了很好的帮助。

有感而留痕

057

家长感言

<h3 style="text-align:center">秋天，我们去郊游</h3>
——亲子活动有感

2011年10月的金秋，与北方相比，丽水少了一些萧瑟，多了一分美丽。天气逐渐转凉，人们多数已添加了外衣，但山野里，落叶极少，仍然显得郁郁葱葱，一派繁荣。在202班家委会的牵头下，我们决定组团一起去小白岩郊游。

因为要郊游，女儿显得特别开心与兴奋，郊游前一天的上午，就催着我去超市买零食和饮料，准备必需品。来回路上，女儿牵着我的手，嘴里一直哼着："走走走走走，我们小手牵小手，走走走走走，我们去郊游。白云悠悠，阳光柔柔，青山绿水一片锦绣，走走走走走，我们去郊游……"

从市行政中心南门出发，沿北苑路、人民路、括苍路、丽阳路，一路向西，十几分钟的路程，我们来到了小白岩新世纪休闲农庄。农庄内有十来亩的绿草地，周围绿树怀抱，绿意仍浓，一点也看不出秋意。女儿一下车便欢呼雀跃，冲着草场飞奔跳跃，一会儿双手展开仰望蓝天，一会儿又在草地上打转似的在舞蹈。家长们则个个笑容满面，一边交流，一边帮忙将车上的用品逐一搬了下来，准备野炊烧烤。

吴老师先是找了一块干净平整的草坪，将全班同学分成男生和女生两组，男生女生相向面对而立，举行角力比赛。比赛的规则是男生与女生拉住对方的手，使力将对方拉向己方，拉至己方的人数多的一方为胜。随着吴老师一声令下，场面顿时沸腾了起来：有的孩子抿着嘴，憋红了脸一声不吭将对手往回拉；有的孩子一声大喝，像是企图震慑对手，又像是给自己鼓劲打气；也有的孩子面带笑容，似乎风轻云淡，有种成败不重要，友谊排第一的架势。

个人角力结束后，影响最为深远广大的拔河比赛就要开始了。此时，家长们也已经将参赛选手围得水泄不通。吴老师先和孩子们讲解比赛规则，再将孩子们分成两组，每组各挑选 13 名队员参加拔河比赛，其余的则充当拉拉队员，和家长们一起为参赛选手呐喊助威。家长们则不甘局限于啦啦队员的角色：比赛前，自发充当起教练兼军师，一边给自己的孩子出谋划策，一边又示范讲解拔河时的动作要领；比赛时，又充当起啦啦队员兼摄影师的角色，有的面红耳赤地呐喊助威，有的拿出手机相机"啪啪啪"地拍个不停；比赛后，家长还充当起保姆兼演员的角色，亲情泛滥地给孩子擦汗递水嘘寒问暖，情感丰富的或喜悦或懊恼；也有个别家长干脆改行当起心理辅导员，给输了比赛，一脸不爽的孩子做起了心理辅导……

这是一次难忘的亲子活动，它为大家架起了一座交流平台，促进、增进了教师、家长、孩子三者间的感情，也为孩子们拥抱自然，体验集体生活提供了一次丰富的经历，留下了一个美好的回忆。

活动展示(三)："我登山，我快乐"

秋天，总是用她独特的魅力召唤着人们，让人忍不住走近她，触碰她，感受她。这样美好的季节，家委会拟在 2012 年 10 月 7 日组织一次"徒步登山迎金秋"活动，希望通过亲子群体间的活动交流，开拓孩子活动领域，让孩子在活动中接触新鲜事物和认识绿色植被，增进老师、家长及孩子间的感情，更好地发展孩子的社会交往能力，密切家校联系，推进素质教育。

10 月 7 日，周日，风轻云淡。

我们在丽水市白云森林公园集合，沿公路徒步到陈寮山老路和庵堂盘山公路交会处。徒步开始时，孩子们异常兴奋和激动，他们沿着指定的线路奔跑着、追赶着，个个精神十足，不甘落后。瞧，他们脚步是那么轻快、矫健，笑容是那么灿烂、明亮，神情是那么坚毅、执着。

有些路段崎岖而陡峭，大人们都走得非常吃力，有的还要相互搀扶着。但孩子们全都变成了小勇士，大踏步向前，还像脱缰的小野马，活蹦乱跳。不知谁扯了一嗓子"团结就是力量"，紧接着，孩子们齐声应和："团结就是力量，团结就是力量……"歌声、笑声在路上回荡。

有感而留痕

"啊!"一不小心,一个同学脚下一滑摔跤了,膝盖磕破了一层皮。他自己毫不在乎,没有喊痛,可急坏了爸爸妈妈。父母迅速找来了消毒药水,细心地给他处理伤口,并再三叮嘱孩子要注意安全。这位同学却表现得异常勇敢,还抱怨爸妈小题大做,就擦破一点皮而已。于是他又快速地跟上了队伍。

前进路上,孩子们自始至终保持着令人感动的热情。"小贝,还走得动吗?""还行,不过有点累了!""需要帮忙吗?""没事儿,我应该没问题。"俩女孩之间的对话,让人心里一暖,只有一同经历这样的活动,人和人之间的距离才会越来越近。平日里,这些公主和王子大都将自己视为中心,很少去顾及别人。

身后的父母都很诧异。爬山对孩子们来说都不是第一次,大多是没走到一半就喊累。而今天,孩子们一改往日的娇气,在同学的相互鼓励下,没有一个掉队,没有一个放弃。看在眼,乐在心。"收获的不仅仅是徒步登山的乐趣,更多的是展现出了孩子的坚毅、勇敢。"家长们都这样说道。

终于,所有人都登上了山顶,风景真的是极好!山的前边是城市的全景,整个丽水尽收眼底;后边依然是绵延不绝的山脉。当我们俯瞰丽水城市全景的时候,心里真是五味俱全,这时有人开玩笑说:"偌大的丽水城就只有这么小吗?"站的高度不一样,看到的事物也不同,正所谓"会当凌绝顶,一览众山小"!如果没有坚持到最后,又怎能有机会欣赏到如此美妙的景色,之前所流的汗水又算得了什么?

老师和孩子们说:"用心去感受徒步就可以发现,其实人生就像是一次徒步旅行,有开心,也有痛苦,有坚持,也有犹豫。在徒步中去感受人生,不要总是畏惧前方未知的道路,不去尝试就得不到收获;在徒步中去领悟做人,不要总是抬头傲视远方,要踏实走好脚下的每一步;在徒步中去体会做事,遇到困难不要轻言放弃,唯有坚持才能取得成功。"

孩子们似懂非懂,但坚持就是胜利,团结就是力量,这两句话的领悟应该更到位了。

家长们也纷纷表示：现实中，我们面对工作，面对生活，面对压力，会变得有点麻木，有点无奈，有点胆怯。然而在旅途中，我们抛开所有杂念，脚下生风，勇往直前，踏歌而行。徒步让我们内心燃起激情，令我们心动、情动以及感动。在此次徒步中，感触最大的还是那股团结的力量，相信在工作中，只要大家有这次徒步的心态，团结一心，坚持不懈，勇往直前，一切都会变得美好起来！

班级的活动就是这样神奇，孩子有孩子的收获，家长有家长的收获。

家长感言

亲近自然　关爱自然　融入自然
——2012年度亲子活动"徒步登山迎金秋"活动有感

2012年10月7日，周日，秋高气爽，金桂飘香，丽水市实验学校302班家委会策划筹备组织了这次"徒步登山迎金秋"活动。师生家长们在丽水市白云森林公园集合，沿公路徒步到陈寮山老路和庵堂盘山公路交会处。看到孩子们兴高采烈、好学多问、不甘落后的精神，我被孩子的情绪所感染，有感而发。

(1)亲近自然，激发了孩子的探索欲。在孩子的幼儿阶段，大家感受最深的就是经常听到孩子问"这个是什么？为什么？"等类似的问题。但到了小学阶段，明显感到孩子提问少了，日常更多的是完成各学科的家庭作业，应试教育的弊端日渐显现。这次徒步登山活动，孩子们沿途近距离观察体验丽水秋的美，接触新鲜事物和绿色植被，激发了孩子们内心暂时尘封的探索欲。

(2)关爱自然，唤起了孩子的环保意识。"绿水青山就是金山银山"，这是丽水的金字招牌，也是丽水兴市之本。如何把环保理念深深扎根于孩子心中？这次徒步登山活动就是一个好的载体和平台，让孩子融入自然，近距离亲身感受大自然无穷魅力，引导孩子从身边的小事做起，从点滴做起，爱护大自然，保护环境，促进人与自然和谐相处。

有感而留痕

（3）融入自然，有利于素质教育的深入开展。应试教育存在诸多诟病，如只注重学生单一的成绩分数比较，缺乏全方面评价学生优劣的指标；只注重升学率，不注重学生各方面综合素质的提高；等等。为此，应试教育向素质教育转变的社会各界呼声强烈，各级党委、政府一直也在努力地推进改革，但由于各个方面的主客观原因，成效并不明显。纵观我国经济社会发展进程和参照先进发达国家的成功教育制度框架体系，素质教育迫在眉睫，势在必行。素质教育不仅需要各级党委政府进行顶层制度设计，更需要社会各界共同努力，你我身体力行。这次徒步登山活动，不仅增强了老师与家长之间、家长与家长之间、家长与学生之间的交流，更强化了学生体质和竞争意识，正是我们呼吁倡导的素质教育的一种新尝试和实践。

素质教育意义深远，责任重大，我们希望类似"徒步登山迎金秋"的亲子活动不仅仅是一种尝试，而更应该成为我们302班日常活动的一种新常态。

活动展示（四）："我们十岁啦！"

10岁的梦是绿色的，它带来无限的希望；10岁的梦是金色的，它带来无尽的遐想。10岁——漫长人生中一个新的里程碑，它意味着孩子们即将告别幼稚的童年，开始迈入憧憬无边的少年时代。我们以10岁生日为契机，开展感恩教育，生命教育，举行了"我们十岁啦！——实验学校302班集体生日party暨成长仪式"。

（一）感恩十年，亲情是永久不变的旋律

活动从2013年4月开始启动，利用班队课，在教室放置两棵愿望树，孩子们在愿望卡上写下自己的愿望，然后将愿望卡挂在愿望树上。

"沙沙"，是笔在纸上快速奔跑着的声音，在它们的身后，留下一串串稚嫩却又十分认真的笔迹。此时此刻，孩子们正把最想要传达的心声用文字表达出来，承载着成长的感触与喜悦。这份心声会通过"许愿卡"传递到每一位家长的手中。

家长们也早早地给自己的孩子写下了一封封充满温情的家信。这信承载着对孩子的爱，蕴含着最感人、最真诚的美好。

2013年5月10日下午，全体师生和家长们齐聚一堂，共同欢度这个美好而有意义的时刻。"感恩的心，感谢有你……"熟悉的旋律在会场响起，孩子与父母的温情照片在大屏幕上一一闪现，全场营造出一种直击内心的温情氛围。伴随着主持人深情的开场白，整个仪式在温馨感人的气氛中开始了。

"快看，那是我6岁时候拍的全家福！""那是我们第一次佩戴红领巾的样子！""那是我去年生日的照片"……孩子们看着、回忆着，家长们看着、回忆着。10年时间弹指间，却又以这样的片段定格着。

接着，学生代表上台将自己的许愿卡大声念出来。"爸爸、妈妈，一转眼我10岁了，这10年是你们无私地付出伴随我成长，谢谢你们。在这特殊的生日会上，我的心愿是，爸爸永远帅气，妈妈永远年轻，我们永远这样幸福地生活在一起。爸爸妈妈，我爱你们！"短短的几句话却将会场的气氛凝固了，在场的妈妈热泪盈眶，为这个突然长大的孩子，为这个突然懂事的孩子，为这个意外而至的"我爱你"！

接下来，家长代表也上台朗读自己写给孩子的信。"……爸爸妈妈看着你从牙牙学语到骑着自行车在小区里欢乐穿梭，心里充满了幸福。爸爸妈妈希望你能健康快乐地成长，人生路上风景无限好，但有时也会路途坎坷，希望你能坚强，勇敢前行。宝贝，我们爱你！"家长用亲身经历与子女交流，反思自己的教育方式，向子女倾吐往日里难以言传的鼓励和期盼……用这种特殊的方式默默地向子女传达了自己深沉的爱。充满温情的讲述让亲情在这个特殊的时刻传递，让孩子们感受到了家长的爱，也体会到了10岁的自己身上所承担的责任，孩子们似乎瞬间长大了，懂事了。

有感而留痕

在这位家长的带动下，其他家长也纷纷拿出自己的信件递给孩子，孩子们看着看着就流下了眼泪。很多时候，文字的力量远远胜于语言。10年之中很多家庭还是第一次使用这样的方式相互交流，家长们甚至觉得不可思议，自己身边闹腾的小屁孩居然会这么善解人意，会这么在意自己的看法。

　　这个环节的最后,全体起立,唱响《感恩的心》。当大屏幕里播放孩子的成长对比照时,当远在美国的夏同学发来视频向大家问好时,整个活动达到了高潮,现场的气氛无比温馨。

　　摘录部分家长的书信片段,让我们通过只言片语一窥这世界上最无私的爱:

　　"宝贝,你知道吗,爸爸妈妈这一生最大的成就就是生了你,我们会用这一生去爱你,照顾你!"

　　"儿子,你的健康快乐就是爸爸妈妈最大的幸福。"

　　"孩子,你得告别幼稚,迈向成熟的征途,不管未来的路有多艰难,我们希望你更加自信,更加坚强,更加努力,不轻言放弃。学会学习,学会做人,学会合作,感恩你拥有的一切,爸爸妈妈永远爱你!"

　　"亲爱的宝贝,你是上天给予我们最好的赐福。你给我们带来了无以比拟的幸福与希望,爸爸妈妈为你感到骄傲! 未来的岁月,我们希望你能找到快乐,体验成功,拥有一切美好的感情,以及一个真正属于你的'舒小姐的美丽人生'。"

　　"不论你走到哪里,我们都在你身边。不管你将来做什么,是否成功,我们祈盼的始终是你能健康地成长,永远保持积极乐观的态度。爸爸妈妈愿成为你最好的朋友。"

　　"你是我们的快乐小精灵,因为有你,我们的生活变得丰富多彩。你时不时地小淘气,给我们带来了无数的乐趣。"

　　"收到你亲手制作的精美贺卡,我的内心非常激动。眼前的小男孩再也不是那个动不动就哭的小毛孩了。因为你给我们带来了许多快乐,也因为你的不懂事曾让我们为你担心。希望你克服不足,做个诚实守信,懂得感恩,有担当的阳光男孩!"

　　"你永远是爸爸妈妈心目中那个小小的人儿,哪怕你到20岁,

30 岁，40 岁，你都是我们心尖尖上那朵最美丽的花。"

(二)让梦起航，老师寄语学生珍惜当下每一天

"静静的深夜群星在闪耀，老师的房间彻夜明亮。每当我轻轻走过您窗前，明亮的灯光照耀我心房……"女生小组唱《每当我们走过老师窗前》开启了生日会的第二篇章——师恩难忘。

当孩子们把老师请上舞台中央的时候，全场响起了雷鸣般的掌声，孩子们大声地喊道："老师，您辛苦了！"是啊，记得第一次见面的时候，这些小萝卜头无比稚嫩。一年级的第一周，可把老师忙坏了，刚从幼儿园过渡到小学的孩子们，无论从心理还是行为习惯上都需要适应。但，慢慢地，慢慢地，这些孩子适应了这所学校，适应了班级，适应了学习，这一切真不容易啊！

紧接着，老师拿出早就准备了好的生日礼物——《十岁宣言》。在场所有的孩子们在老师的带领下，高举小手，郑重地宣读起《十岁宣言》："我自豪，我是实验学子；我骄傲，我 10 岁啦！今天，我告别童年，步入少年。今天，我在这里庄严宣誓……"激昂高亢的声音响彻整个会场，深入每一位孩子的心中。铮铮誓言，铿锵有力，家长们无比激动。

(三)我们十岁了，属于我们的快乐时光

感恩之后，是狂欢！

活动最后一环节，孩子们、家长们在主持人的带领下进行了互动游戏，唱生日歌，在摇曳的烛光下许下生日愿望，与在场的父母一同分享生日蛋糕，共享这份甜蜜！

这个活动对于孩子来说是非常有意义的。通过活动，孩子们意识到自己长大了，需要明确一些家庭、社会的责任。希望孩子们可以走好每一步，感恩这十年来父母为自己的付出，并因此努力学习。这一天，大家一起怀揣着一颗感恩的心，装载着一份沉甸甸的理想，从 10 岁的坐标开始，脚踏实地，扬帆起航，用知识的彩笔描绘斑斓的前程。

10 岁——一个特殊的年龄。小时候常听大人教训小孩子："都 10 岁

有感而留痕

了,还这么不懂事……"这其实说明了"10岁"是孩子"长大"的象征。10岁的孩子应该敢担当,懂礼仪,有爱心,知羞耻……可以说这是从孩童迈向少年的分水岭。但孩子毕竟是孩子,天真才是他们的特征,他们需要在成长中,甚至还要经受挫折后才能慢慢具备某些知识和能力,这也正是选择"10岁生日"作为综合实践活动主题的原因。既能给自己过个快乐的生日,又能在活动参与过程中学习、探究、收获、体验。

家长感言

集体生日 party 活动有感

2013 年 5 月 10 日是一个特殊的日子。我和丈夫怀着激动的心情,如约来到了东方宾馆二楼多功能厅。多功能厅早已布置妥当,整个大厅飘扬着五彩缤纷的气球,舞台正中央,挂着"我们十岁了"大型主题背景画。背景画色彩鲜艳明朗,凸显少年儿童活泼轻快、健康成长的特点。

早在十几天前,女儿就忍不住心中的喜悦,经常在我耳边嘀咕吴老师将要给全班同学举办集体生日 party 的事。初时我并不在意,但女儿莫名兴奋的样子很快就感染了我,我渐渐地开始留意此事,后又想到自己小时候老师从未举办过类似的活动,心里不免有了遗憾,便和丈夫商量,决定夫妻俩一起参加 302 班集体生日 party。

生日 party 场内,孩子们欢快蹦跳、天真无邪,家长们时而低声交流,时而拿出手机拍下喜庆的场面,一些家委会请来的协助人员则身穿各种动物服饰,成为可爱的人偶和孩子们闹成一团。这样的场面让人非常感动,我相信,所有的孩子都会觉得自己是最幸福的。

悠扬的乐曲声在大厅中徘徊,孩子们排着整齐的队列,左手拿着《十岁宣言》,右手五指并拢高举过头顶,行少先队礼,在一男一女两位学生主持的引领下,庄严而肃穆地宣誓:"我自豪,我是实验学子,我骄傲,我十岁啦!今天,我告别童年,步入少年……"这时,我意识到,今天的集体生日 party 不但是一次简洁明快的庆生仪式,使人心生愉悦,而且还是孩子们由童年步入少年的转折点,是今后回忆往昔的一个记忆亮点。想到这里,我不由对实验小学302班的全体老师和家委会成员心生感激。

《十岁宣言》宣誓仪式结束后,孩子们又一起唱起了《感恩的心》,歌声嘹亮,洋溢着孩子们质朴纯真的感情。整个过程中,我一直盯着自己的女儿看,见她全身心地投入歌唱之中,心里甚觉宽慰。歌曲刚唱完毕,孩子们纷纷涌到自己父母和老师面前,女儿也和其他同学一样,朝着我飞快地跑来,一下子搂住我的脖子,亲吻我的脸颊,在我耳边轻声细语:"妈妈,我爱您,感谢您为我付出的一切!"接着,女儿又紧紧地拥抱着她的爸爸,还跑到吴老师那里毕恭毕敬地敬了一个大礼。见此,我和丈夫相视而笑,我知道,从这一刻起,女儿懂得了要时刻保存一颗真挚的感恩之心,感激父母的相伴,感激老师的教育,感激所有给过自己关怀的人。

幸福时光总是显得非常短暂,不知不觉间,集体生日party已经过去了好几天,但女儿那天天真无邪的笑容,真挚的感谢仍然萦绕在我的心头。想想自己平常工作繁忙,很少有时间陪伴女儿,与她真心交流,倾听心声。直到集体生日party那天才知道女儿最大的心愿是让爸爸妈妈天天开心,希望有一辆属于自己的自行车。在此,我首先感谢302班的老师和家委会成员举办了一次别开生面的集体生日party。其次我想跟女儿说:"等你10岁生日那天,爸爸妈妈一定送你一辆你最心仪的自行车,圆你心中之梦。"

活动展示(五):嘿嘿,我们真棒!

一转眼,孩子们已经读五年级了。孩子的个性开始显现,有的孩子喜欢静心学习,有的孩子喜欢户外运动;有的孩子是现场发挥型,平时学习成绩一般,一到考试就很认真能取得高分;有的孩子心理素质不好,一考试就紧张。为了提高孩子的心理素质,让孩子建立积极良好的心态,磨炼孩子的意志,也为了引导孩子们树立共同的目标、责任感、归属感,形成积极、主动、互助的团队气氛,培养集体主义品质,2014年10月7日,当久违的太阳露出她灿烂的笑容时,我们可爱的孩子们身着鲜艳漂亮的运动服,在家委会的统

有感而留痕

067

一协调下,前往缙云县黄龙景区,进行为期一天的户外拓展活动。

本次活动还增加了创意摄影环节,通过创想策划和创意摄影,创新符合502班特质的各种组合造型,用摄影师的镜头记录集体留影和活动精彩的瞬间,捕捉令人心动而难忘的影像,为班级文化建设和孩子们成长添上精彩的一笔。

黄龙户外拓展中心有空中断桥、钢索桥、电网逃生、攀登"毕业墙"、水面吊桥等惊险刺激的拓展项目。教练首先带着孩子们来到空中断桥,站在断桥底下抬头看,那断裂成两部分的断桥仿佛停在白云之下,教练说高度大约有8.5米,有三层楼那么高,许多孩子一听到这个高度就开始往后退,不少女孩子赶紧捂住眼睛。教练讲解了挑战要求后询问哪个孩子先上去试试,没有人敢接受挑战。过了一会儿,一个女生终于鼓足勇气说:"我来试试看。"是侯佳静,班里的体育健将,曾拿过校运动会800米第一名,还破了学校纪录呢。虽说是这样,但是面对这样高难度的挑战,大家还是为她捏了一把汗。当侯佳静站在断桥的一头要跳到另一头时,底下的同学们都屏着气,眼睛盯着断桥上那个小小的身影,只见她停顿了一会儿,一个纵身跳到了对面。同学们都长长地舒了一口气,随即响起一阵掌声和欢呼声,紧接着,要求挑战"空中断桥"的孩子一个个站了起来。这一幕定格在了孩子的脑海里,相信在今后的学习和人生道路上,如果遇到困难和阻碍,它一定会成为孩子的力量源泉。

接着,同学们来到了一张大网跟前,教练说这是电网逃生项目。只见网中有很多大小不规则的孔,虽然个别孔能勉强通过,但都不足够大。游戏规则是不准触碰网线,团队所有人员必须在40分钟内全部安全通过。教练刚说完,同学们就开始议论:"这可能完成吗?看上去几乎是不可能的事呀!"尽管如此,当教练发出"开始"的命令后,在时间紧、任务重的情况下,大家还是出谋划策,制订方案。可是由于人数太多,有的同学没有听仔细,再加上时间紧,在没有充分准备的情况下,大家就出发了。意料之内的事发生了:很多容易通过的大孔被封堵,错过了大好机会,给顺利通过增加了难度。这可怎么办呀？于是大家又开始总结教训，商量对策，经过冷静分析，及时纠正了偏差，最终整个团队顺利通过电网。孩子们在活动过程中表现出的组织能力、冷静沉着的心态，令在场的家长和老师大加称赞。

　　过了这两关，同学们信心大增，因此在看到4.2米高的墙时，虽说从视觉的角度给人的感觉是根本翻不过去，特别是对于女生来说就显得更加困难，但是同学们还是信心满满。在教练说了一些具体的操作规则和要领、技巧后，第一个同学就上去啦，紧接着第二个、第三个……在攀爬的过程中，同学们为了同一个目标，共同努力着，如同兄弟姐妹一般，相互帮助，竭尽全力。在下面当人梯的同学龇着牙，估计肩膀有点吃不消了，老师提出换人，但是这位同学却说："没关系。"他继续咬牙坚持着，同学们都被感动了，速度越来越快，动作越来越轻巧。只剩下最后一位同学了，上面的几个同学拉着两位倒挂的同学，一把就把他拉了上来，他们成功了！他们毕业啦！他们成为精英啦！同学们相互拥抱，尽情欢呼，感受着团队协作展现出的魅力。

　　这次的拓展活动不仅体现了团队精神，也展示了同学们的个人综合素质。一个小小的飞跃，成就一个大大的人生符号。这不，那空中断桥表现的就是一个人的胆量与意志。当同学们站在高高的铁杆顶端时，可以想象，他们当时是多么胆怯、害怕，但是，勇敢的孩子们，克服了自己的心理障碍，征服了内心的彷徨与气馁！人生的顶峰也是一样，没有飞跃，没有一次次的自我挑战，就永远都不会成功。如果我们要站在高高的顶峰看周围的无限风光，则必须用尽向上攀登的力量，在一个平台上向着更美好的地方飞跃！我们每一个孩子都明白，他们的成功少不了家人们、老师们的呵护与鼓舞，成功的背后是浓浓的爱！

　　创意摄影开始了，孩子们顶着烈日，在家长的指挥下进行队形排列。如果您组织过创意摄影就会知道，每一张小小的照片都是经过长时间的队形整理，一次次的加油鼓励拍摄而成的。寻找点位、耐心等待、调整队形，终于，第一张照片出炉了，那是一个红红的太阳，映着孩子们灿烂的笑脸，中间的蓝色班旗显得特别醒目。看到这张照片，同学们都非常兴奋，也为自己是

这个太阳中的一份子而自豪。孩子们虽疲惫却不抱怨,这就是团队精神,这就是团队协作。没有完成不了的任务,只要大家齐心协力,所有的问题都不是问题。

从一年级到五年级,家长们在一次次的活动中伴随着孩子们慢慢地长大,慢慢地学会生活。而与孩子们一起进步是所有家长们的内心所得,也是老师们的内心所愿!拓展活动,拓的是心境,展的是行为。当我们的行为与心境链接,产生的幸福指数是无法用文字来——描述的。当彩虹从身边飘过,我们把美丽的印象刻在记忆之窗。在幸福的气息里,我们一起奔跑,向着更强大、更美好的明天一起前行!

家长感言

"户外拓展暨创意摄影"亲子活动感言

2014年10月7日,天气晴朗,微风轻抚,经502班家委会精心策划和组织,丽水市实验学校502班全体学生和家长一大早就在丽水行政中心南门集合,大家合影后,于上午8:30出发赴缙云县黄龙景区,进行为期一天的户外拓展暨创意摄影活动。

孩子们兴高采烈地聊着天,欣赏着车窗外掠过的美景,经过1个小时的车程,我们到了黄龙景区。大家在景区工作人员的引领下来到了户外拓展中心。展现在眼前的是各种各样的拓展项目:空中断桥、钢索桥、电网逃生、攀登"毕业墙"、水面吊桥等。看到如此琳琅满目的活动项目,孩子们顿时欢呼雀跃,四处奔窜,像断了线的珍珠抓都抓不回来。

大约过了半个小时,孩子们也都玩累了。家委会主任叫来了本次拓展活动的主教练。随着教练的几声哨响,孩子们纷纷围了过去。在教练的引导下,孩子们要开始尝试一个高难度项目——空中断桥。它是一个个人挑战项目,要求孩子先垂直爬上8.5米高的站台,然后走上站台旁的断桥,跨越到另一断桥上,中间跨度足有1米,然后又要跨回来,最后从断桥中间沿绳索滑下来。大家屏住呼吸看教练讲解示范着。当教练问谁先来尝试时,有好几分钟，没有人敢应声。最终，侯佳静同学举起了手，说愿意先来。当她一步一步爬上高空时，我们的心里都为她捏一把汗：这个小姑娘真是勇敢，但如此高难度的挑战能应对吗？会不会摔下来？那么大的跨度能成功吗？……一连串的疑惑在心头盘旋着。只见她很小心地走在断桥上，脚下只有一条木板，而双手又没有东西可抓，双腿不由自主地开始打战，尽管有保险带，但初次尝试难免心中恐惧。只见她站在木板上进也不是，退也不是。此时教练在断桥对面鼓励她，地面上也响起了"加油"的呼喊声。只见侯佳静定了定神，纵身一跃，对面的教练拉住了她，稳稳地站在了另一段桥面上。顿时见她放松了许多，接下来的动作，完成地比先前顺畅多了。当她顺利地滑落下来时，地面上响起了一片热烈的掌声。

接下来，几个胆大的男孩也纷纷举手想先尝试。进而是所有同学都要尝试。

这个项目教会了孩子们如何在压力和困难面前调整自己的心态，勇于尝试，挑战自我，战胜自我。有些表面看起来很难的事，其实没有想象中那么可怕。在工作和生活中，遇到困难并不可怕，可怕的是失去面对困难的勇气和信心。心里的障碍是最难逾越的，我们如果想成为强者，首先要克服自己的恐惧感。当我们勇敢地跨出一小步时，也许就能抓住属于自己的机会，实现人生一大步的跨越，与此同时也更多地促进了个人能力的发展，做到有勇有谋，超越自己，勇往直前。

午饭过后，家委会又组织孩子们进行了创意摄影。孩子们一会儿排成爱心形，一会儿列成班级的编号"502"，再过一会又变成了一个小太阳……一排排创意十足的队列，一个个千奇百怪的动作，一个个啼笑皆非的表情，都在摄影师和家长的相机里保留了下来，凝成岁月的痕迹，记录了孩子对人生的态度和经历。

活动展示(六)：

丰富的活动，满满的收获

2015年10月7日早上8:00,我们准时到处州公园南门集合,孩子们的

脸上露出好奇而又向往的表情,因为今天安排的亲子活动内容非常丰富。我们要参观消防大队、武警中队以及浙江老字号丽水知名百年企业——鱼跃公司。这些对于普通人来说,可是个神秘的地方呢!

活动第一站,我们来到了莲都消防开发区大队,这里完全呈现了一种军营的生活,偌大的操场和消防塔楼,显得特别肃穆。消防官兵为我们讲解了消防知识和火灾发生时的自救逃生技能,同时,我们观看了消防战士的攀爬,体验了云梯的升降以及水枪喷射的威力。

接着我们又转移到火灾灭火演练现场,只见空地上有几盆大火正熊熊地燃烧着。我们围着消防战士,听他给大家讲解灭火器的使用方法:"先将安全栓拔去……"消防员战士一边仔细讲解,一边给我们做着示范。只听"咻"的一声,烟雾漫天,火焰却已无影无踪。我们都摩拳擦掌,跃跃欲试。吕婕菲手拿灭火器,缓缓靠近火源,我们的心都提到了嗓子眼。她将灭火器对准火焰底部,火瞬间被扑灭了。消防战士告诉我们,生活中引起的火灾大多是因为人们用火、用电不慎引起的,为了减少火灾的发生,大家必须提高防范意识。最后,消防官兵还向我们介绍了如何正确使用煤气,如果油锅里起火,该用何种办法灭火等生活小常识。

走出消防大队,我们来到活动的第二站——武警中队。走进武警战士的宿舍,看着简单而整齐的集体寝室,相比家里的摆设和装饰,军队的生活条件太简陋了。最吸引大家眼球的是床上的"豆腐块",武警战士为我们演示了叠被子的过程。只见他将单薄的军被铺在地上,沿着折痕叠起了被子。他时而用力将被子抚平,时而把里面的棉花压实,时而用力将被子掐出折痕,三下五除二,那柔软的军被像被施了魔法一样,变成了一个四四方方的"豆腐块"。我们的眼睛都看直了,情不自禁地鼓起了掌。

走出寝室,我们还观看了武警战士的队列动作表演、打军体拳、擒拿格斗和枪械分解组装、展示警用装备等。我们在这些活动中体会到军人紧张而有序的生活,严格的纪律,严谨的工作作风。

午饭后,大家来到活动第三站,浙江老字号丽水知名百年企业——丽水市鱼跃酿造食品有限公司。

鱼跃公司,始创于 1919 年,已被列入《莲都区非物质文化遗产名录》。"天高任鸟飞,海阔任鱼跃",一走进鱼跃公司,大家就被公司百年的企业文化所深深吸引。

在会议室,我们听了"做良心企业,酿放心食品"的专题讲座,主持人还特意为我们介绍了酿造工艺流程,进行了交流酿造产品辨识、养生保健知识,品尝桔醋,酿酒糯米饭和有奖问答等亲子活动,让孩子和家长们都充分地感受到了祖先用聪明智慧给我们留下宝贵的文化遗产,给我们带来健康的生活享受。

随后参观生产车间,直接体验食品生产和酱油、食醋、酒的酿造过程,亲身感受和品尝健康食品给我们生活带来的幸福。

一进车间就看到了一排排一人多高的大陶缸,陶缸上盖着厚厚的稻草盖子。"鱼跃"工作人员带着我们走过去,掀起盖子来看,里面是正在发酵的黄酒。一股浓郁的酒香味儿,透着纯正的糯米香气,很醇和,一点都不刺鼻。工作人员告诉我们,这是从宋朝秦少游手里传下来的古法酿造技艺,就是现在大家熟悉的"十月缸"。

听完故事,看过成料,再上一层楼就是酒库了。一个个酒坛子上糊着厚厚的黄泥,传统的红纸如今变成了酒的"身份证",上面记录着这坛酒的封存日期、酒精度、容量、同一批的兄弟姐妹数量等。再上一层楼,这里收存着许多"宝贝"。工作人员指给我们看缸沿的刻字:"这都是几十年近百年的老东西了,都有酱园的字号和年份,有匠人的名号。你看那些木家什,木头工具什么的,都是传统酿造工具……我们现在先收着,以后有条件了,想办个酿造博物馆。"

在孩子们的啧啧赞叹声中,我们来到了顶楼,这才是今天我们要看的最重要的地方:露天晒制的酱油和醋。孩子们一看到这些缸,兴奋极了,呼啦一下全围了上去。掀起缸上的盖子,这回闻到的是浓浓的豆豉香,浓黑的酱醅之间,有黏稠的酱油微微映出水光。工作人员告诉我们:"酱油露天晒制

180 天以上，醋发酵 180 天以上，完全纯粮手工酿制。"孩子们感叹道："真没想到我们吃的美味酱油，还有这么复杂的工艺流程，这让我们大长了见识。"陪同的家长也体会到在鱼跃酿造这个社会实践基地，让大家学到了许多课堂上学不到的养生知识，让更多的人加入到保护传统行业中来，也能让家长与孩子沟通更融洽。

这次活动，因活动场地接待能力有限，家委会采取"合—分—合—分"的形式开展活动。因牵涉到多个参观的地方，组织过程非常烦琐，如何让 50 多个家庭有序地参观，家委会成员在方案的设计、沟通协调方面做了大量的工作，确保活动顺利开展，让我们的每一位家长都能积极参与每一次活动，发挥积极作用。

在这次活动中，通过参观鱼跃公司以及参加座谈会，大家分享了"养成正确生活习惯"的养生理念和"走进厨房，远离药房"的养生目的；学习了如何识别问题食品和酱油、食醋、酒等酿造食品优劣的方法；通过亲子互动和有奖竞答，分享了如何培养正确的学习态度和学习目标，掌握良好的学习办法和合理使用零花钱等良好习惯。

我们采取了"小手牵大手、联谊进红门"的组织方式走进消防部队，通过娱乐互动、参与体验等活动，真正增强家长和小孩对消防知识的了解、学习和掌握，从而切实增强消防意识和综合素质，实现"教会一个孩子、带动一个家庭、影响整个社会"的宣传目标。

此外，我们还组织"增强国防意识，培养合格公民"的活动，告诫孩子要"勿忘国耻，振兴中华"，让孩子们走进武警部队，实地体验一回军营生活，观看武警战士队列动作表演、内务整理、打军体拳、擒拿格斗和枪械分解组装、展示警用装备等。通过目睹军事化管理的部队生活，孩子们对养成良好的个人习惯，增强纪律性，提高生活自理能力和自主学习能力有了新的认识。

最让人感动的是，为了确保安全，每次活动家委会都制订《校外活动突发事件应急预案》，全程有随行的安全保障和医务人员（家长）陪同，并随身携带必要的户外常规药品，为每次活动的顺利开展提供保障。这么多次活动下来,我们深切地感受到,正确理解家校合作含义的家长都能保持很高的配合度和参与度,保持一致的信念,从同样的原则出发,让家长和孩子在每一次活动中都能收获多多!

家长感言

假日主题亲子活动感受

一个特别的周三(2015 年 10 月 7 日),人们还沉浸在小长假的欢乐里,早上我们一家人怀着无比激动的心情,高高兴兴地来到处州公园集合点。因为今天是丽水市实验学校 602 班家委会组织的以"鱼跃幸福养生暨爱国主义教育"为主题的亲子活动的日子。每一年,女儿班级家委会组织的亲子活动都特别令人期待。

清晨,太阳伸了个懒腰,终于露出了久违的笑脸。8:00 左右,老师和其他家长带着小朋友也陆陆续续地来到了集合地点。

8:30 半,我们的大部队浩浩荡荡地来到了本次活动的第一站——莲都消防开发区大队,这里完全呈现了一种警营的生活,偌大的操场和消防塔楼,显得特别肃穆。消防武警为我们讲解了消防知识和火灾的自救逃生技能。同时,我们还观看了消防战士的攀爬功底,一个个矫健敏捷的身姿,忽上忽下,英姿飒爽。但如今的小孩就像温室的花朵,连跑步都气喘吁吁,不免令人对消防战士肃然起敬。我们来到了火灾扑火演练现场,只见几盆大火熊熊地燃烧着,大家围着消防战士,听他给大家传授扑火的知识,然后给大家演示了扑火过程。在这期间,有好多孩子躲在大人的背后,不敢看;还有的连叫带跳,神色慌张;也有一些孩子直面扑火的整个过程。最后,是让孩子自己动手体验。如果孩子们没有亲身体验,他们根本不知道消防战士的艰辛和危险。如此种种,不免勾起小时候的回忆,一场场大火夺去了多少人的生命和财产。如今有消防战士的精心呵护,国家财产得以保护,老百姓生命财产有了保障。通过这样的家委会亲子活动的方式走进警营,真正增强家长和小孩对消防知识的了解;通过互动体验,知道消防官兵的辛劳,从

有感而留痕

075

而增强了对消防战士的敬畏；教育孩子努力学习，切实增强综合素质，提高为人民服务的能力。

当然，对于小学生，我不赞成直接参与灭火，最重要的是发生火灾时，尽快脱离危险，撤离火场，为大人灭火提供方便，保护自身的安全就是对灭火工作的最大贡献。世界上最宝贵的东西就是人的生命，只要生命不息，就可以尽情享受新鲜的空气，温暖的阳光，享受亲人的关爱，老师的呵护，这对于一个孩子、一个家庭、整个社会都是最美好的希望。

紧接着，我们又来到了武警莲都中队集中地。家长与孩子们走进了武警战士的宿舍，看着简单而整齐的集体寝室，相比家里的摆设和装饰，军队的生活条件太简陋了。这也给我们的孩子们有个直观的感受——幸福的生活来之不易。走出寝室，我们观看了武警战士的队列动作表演、打军体拳、擒拿格斗和枪械分解组装、展示警用装备等。这让我们体会到军人紧张而有序的生活，严格的纪律，严谨的工作作风，体会了人民卫士的艰辛，感受到大家安定的生活离不开解放军，告诫孩子"勿忘国耻、振兴中华"，激发了孩子的爱国主义热情，培养对社会的责任感。

我们依依不舍地离开了武警中队，看着那一身身橄榄绿，想起了心中的一首歌——《咱当兵的人》，不知不觉精神抖擞了起来，大跨步向前迈进……

最后，我们来到了本次活动的第三站——鱼跃公司。在会议室，鱼跃掌门人、非遗文化传承人陈旭东亲自为同学们做了"做良心企业、酿放心食品"的专题讲座，勉励同学们为编织美丽的中国梦而努力学习。然后他带领大家到生产车间参观食品生产和酱油、食醋、酒的酿造过程，亲身感受和品尝健康食品给我们生活带来的幸福。

本次亲子活动，不但让我们的孩子学到了养生知识，受到了爱国主义教育，而且更多的是让我们家长和孩子有一个很好的交流机会。在此要特别感谢老师和家委会成员付出的辛勤。

活动展示(七)：毕业情·实验梦

再见了，小学时光。

师恩难忘,情意难舍。又是一年毕业季,2016 年 7 月 3 日晚,我们举行"毕业情·实验梦"丽水市实验学校 602 班毕业典礼。典礼分"难忘母校""感念师恩""梦想起航"三个篇章。整场典礼精心策划,精彩纷呈,饱含了对老师悉心教导的感激,对菁菁校园的不舍,对同窗的点滴回忆,欢乐、温暖、温情、感动,是 602 班全体毕业生一份弥足珍贵的记忆。

6 年的同窗情,6 年的师生谊,6 年的欢声笑语,而如今,你们毕业了!在离别之际,母校的面容要铭记于心,因为这里有你们美好的记忆,记得,常回来看看。

在播放了实验学校的介绍视频后,孩子们齐唱《毕业之歌——美丽好少年》拉开了毕业典礼的序幕。刘校长为孩子们送上了殷殷祝福,在祝福声中孩子们给母校献礼,程靖淇、吴晨瑜和王晨宇把自己亲手书写的书法作品送给母校。

精心制作的"感念师恩"视频把大家的思绪带回到 6 年前。

时光如同一棵婆娑的古树,在春夏秋冬的轮回中,洒落一地记忆的叶片。教师是一份平凡却又神圣的职业。师者,传道授业解惑也。三尺讲台,数十载风华,教师书写着桃李满园的故事。那一张堆满了练习题、试卷的办公桌,那多少个夜晚的灯下批改,饱含的是老师们无悔的付出和殷切的期盼。老师们用灿烂的笑脸,去温暖孩子们每一次失意后低落的心;用关怀的话语,教会孩子们为人处世的道理,给予他们成长的力量。

6 年前,爸爸妈妈拉着孩子们的小手走进教室的情景仍历历在目,眨眼间时光飞逝,6 年过去了,孩子们就像是一朵含苞待放的花蕾,在老师们的精心培育下苗壮成长。

老师们上台,接过装满了金粉的水壶,轻轻地洒在一颗颗含苞的花朵上。神奇的一幕发生了,簇拥在绿叶当中的花骨朵竟然慢慢地舒展出腰身,在大家诧异的目光下尽情绽放,美不胜收。老师们为含苞的花朵洒下祝福,洒下希望,洒下幸福,"花朵"在"园丁"的呵护浇灌下怒放,现场掌声雷动。

我们可爱的老师们总是用心浇灌每朵花儿、每棵幼苗,恩情难忘,要记

得感念师恩。当所有孩子起立,在《感恩的心》音乐中向着每位老师三鞠躬时,老师们的眼眶湿润了,一切的一切都值得了。毕业了,再见了,有说不完的话儿。老师们一起为孩子送上了诗朗诵及离别赠言,之前说好不哭的,可是面对着朝夕相处却即将分离的孩子们,老师一开口便泪如雨下,底下坐着的孩子也忍不住了,或眼眶发红,或默默拭去泪水,或强忍住哽咽的哭声,或跑上舞台给老师递纸巾,轻声说:"老师,别哭!"这不舍,这留恋,这情,这景,多么让人难以忘怀。

最吸引大伙眼球的,莫过于耗时半年拍摄的班级微电影《六年六年》的播放了。从创意到剧本,从前期准备到分配任务,从拍摄到剪辑,倾注了老师、家长、孩子们大量的精力与心血。班级微电影《六年六年》通过"一封陌生人的来信"带领大家回顾了学习、生活的点点滴滴,大家一起奋斗、一起成长的少年时光。你瞧,庄严的教学楼、宽阔的操场,无不留下孩子们的足迹。琅琅的读书声、快乐的歌声,不时地回荡在校园的上空。镜头中每一个画面都是那么的熟悉,那么的亲切。一个场景,一个特写,一句台词,都让现场的观者感慨万千!

在这样令人感动的氛围中,孩子们有太多太多的话要倾诉,一起来听听舒然、徐晗智的毕业心声吧!

学生代表毕业感言(舒然)

各位老师,各位伯父伯母,以及亲爱的同学们:

站在这里,我依然能清晰地记得我们的入学典礼。记忆中,天气很热,吴老师好美,校长的话一句也听不懂,台上的老师那么多。我真担心我小小年纪就会被晒死,于是我勇敢地发出呐喊:"难道你们要一个个都讲完才能让我走吗?"这是大不敬的言语,以至于我妈妈一直担心我会成为一个令人讨厌、不快乐的小孩。但是很显然,我妈妈错了,我已经成功完成了从稚嫩到成熟的完美蜕变。我很快乐,我喜欢你们,相信你们也喜欢我。我们一起度过6年的美好时光。在这6年中,我们有了属于自己的闺密和好兄弟,我们分享各自的秘密,分担莫名的忧伤,我们像一家人一样相亲相爱。我们团结合作,努力拼搏,为我们的荣誉而战。我想我永远不会忘记:运动场上,我们挥汗如雨;辩论赛上,我们舌战群雄。在每一次集体活动中,我们从来没有放弃过,我们竭尽全力,一起呐喊:2班! 加油!

我们在一起那么快乐,我从未想过我们有一天会分离。这是我盼望已久的毕业典礼,我以为我可以像白雪公主一样穿上美丽的礼服,可是没想到侯爸让我们穿校服;我以为我会很遗憾,但,当今天我穿上校服时,我忽然意识到,今天是我们最后一次一起穿校服了,我们真的要分开了! 也许我再也见不到你们了,也许你们会忘了我,也许……所以,各位同学,请认真看一看你身边的同学,记住他的模样,记住他的名字,记住我们一起度过的美好时光。如果你曾经伤害别人,那么请在这一刻向他道歉吧;如果有人伤害过你,那么请在这一刻原谅他吧。

在此,我要代表全体同学感谢我们的老师。无论我们多么顽劣,多么令人生气,老师从来没有放弃我们,你们给予我们最大的爱心与耐心。

当然,还有我们的爸爸妈妈。虽然我们越长大越不会说话,但是请你们一定要相信,我们爱自己的爸爸妈妈,我们努力做好自己,努力成为你们想要的样子,所以请你们多给我们一点时间来证明自己。

各位同学,分手在即,但我深信,它绝不是结束,而是我们未来的开始。最后,我想引用一段励志语与各位共勉:

当你的才华还撑不起你的梦想时

那就静下心来学习

当你的能力还驾驭不了你的目标时

那就沉下心来历练

梦想

不是浮躁,而是沉淀和积累

机会

永远留给那个最努力的人

祝福大家！

各位请珍重！

谢谢！

学生代表毕业感言（徐晗智）

尊敬的各位老师、各位家长，亲爱的同学们：

大家好！

当六月的微风又一次吹浓了校园的绿荫，伴随着成长的喜悦，带着一份挥之不去的记忆和牵挂，我们将告别母校——丽水实验学校。在这里，请允许我代表602班全体同学，向关爱我们的学校领导和辛勤培育我们的老师们，表示最衷心的感谢和最崇高的敬意。

时光飞逝，转眼已是六年。此时此刻，我们百感交集……在这即将分别之际，我们才发现校园的每一个角落，都藏了属于我们的回忆。六年的小学生活依然历历在目，母校里的每一棵树，每一朵花，每一株草，每一砖一瓦，每一位老师，每一位同学都是那样的熟悉，那样的亲切。

回头凝望，忘不了在鲜艳的国旗下，第一次戴上红领巾时的庄严模样；忘不了是老师您牵起了我们稚嫩的小手，搀扶着我们在求知的人生道路上开始蹒跚地前行；忘不了在明亮宽敞的教室，留下老师们轻声的教诲和同学们朗朗的读书声；忘不了在运动会上，我们矫健的身影和优异的体育成绩……

在六年的光阴里，我们过得充实而快乐。我们学会了许多做人的道理，懂得了许多的知识；我们告别了天真，走向了沉稳；我们脱去了童年的稚气，获得了自信；我们流过眼泪，却伴着欢笑；我们收获了友谊、知识，也付出了努力、汗水。教室里张贴的一张张大红奖状，述说着我们勤奋地求知与探索，记载了我们的辉煌。

六年的岁月，听起来似乎是那么的漫长，而当我们今天面对离别，又觉得它是那么的短暂。此时此刻，请允许我们深情地道一声："老师，你们辛苦了！"师恩如山，敬爱的老师们，再华丽的词汇也无法表达我们对既是老师、又是朋友、更是亲人的您的尊敬和爱戴。您给予了我们生命的色彩，我们将永远铭记！

　　敬爱的老师，亲爱的母校，如今学生将要远行，无论将来我们走得多远，无论将来我们在什么地方，我们的心总是和你们连在一起，不会忘记常"回家"看看，看看永远牵挂着我们的老师，看看装载着我们童年故事的丽水市实验学校。

　　最后恭祝各位老师、家长身体健康，工作顺利，万事如意！

　　祝愿同学们快乐成长！

　　祝愿母校前程似锦，更加辉煌！

　　谢谢大家。

　　听着老师的温馨祝福，家长的殷殷寄托，伙伴的离别寄语，每一个孩子都心情激荡。在班主任吴老师亲手给孩子们发放毕业证书后，孩子们在老师、父母面前庄严地许下了毕业誓言："我承载着祖国的未来，寄托着家庭的希望，铭记母校的培养。实验学校是我放飞梦想的起点，我将在新的学习征途上，锻炼身体，健康生活；遵纪守法，文明做人；努力学习，立志成才！为实现自己的理想而奋斗，为实验学校增辉添彩而努力！"一个个笔挺的身姿，一张张坚定的脸庞，一句句铿锵的誓词，让我们对孩子们的未来充满期待。这群新时代的雏鹰即将搏击风雨，翱翔长空，朝着自己的目标奋力拼搏，真心地祝福他（她）们！

　　毕业离开的是校园，放不下的是在校园里的童年。在离校之前，孩子们还想留下些什么记忆？孩子们是否还有心愿没有完成呢？家委会不仅在入口处布置了签名墙、家庭合影区域，还在会场内种植了一棵气球毕业树，孩子们纷纷在毕业树上挂上自己的毕业微心愿，努力去实现，让毕业季更有纪念价值。

　　在整个活动过程中，还穿插了孩子们的独唱、乐器独奏、歌舞、书法、朗诵等表演。孩子们真是多才多艺，每一次亮相都引来阵阵掌声和欢呼。最后，毕业典礼在师生同唱《明天会更好》，在希望和祝福中落下帷幕。

有感而留痕

　　看着孩子们舞动的身姿,听着孩子们悦耳的歌声,欣赏着孩子们精彩的乐器演奏,看着孩子们从小不点变成大小伙子、大姑娘,老师们心中满是不舍。明天我们就要分别了,一路走来的六年,感谢你们带给了老师无数的欢笑,无数的感动。你们的笑,你们的泪,你们的好,你们的一切一切,老师将永远铭记于心。

　　孩子们的梦想即将远航,祝愿这些即将起飞的雏鹰踏上新的征程,让我们一起为梦想加油!

孩子们的话

别了,我的小学时光

602班　李馨乐

　　流年似水,红了樱桃,绿了芭蕉。广阔天空依旧那么蓝;片片浮云依旧那么白;汩汩溪水依旧那么清。花开时那般绚丽,却终究敌不过岁月的磨砺,悄然凋零,只有那淡淡的芳香弥留在人间,证明花开过的痕迹,亦如我们的小学生活——这段难忘的时光。

　　走过门,进了校园,低下头映入眼帘的是花瓣上的朝露。

　　清晨的露水啊,你可知道?当这个暑假过去,我便不再来此,跨入初中的日子,没你相伴,实在无法想象。当初,我第一次跨进这所学校,心中满怀憧憬,是你,在每个小学生涯中的日出默默看着我上学的背影,又何曾不耐烦过?假如曾经的时光是我的朋友,那么,你就是我的知己,我的忘年之交,也是记忆之中浓墨重彩的一笔。

　　来到教室,整齐的桌椅摆放其中,阳光斜斜地照射进来。

　　射进教室的第一缕阳光啊,你可明了?我此时此刻内心的沉寂,抚摸着用过的旧课桌,心中放映着的,是同学们伴随着下课铃声的喧闹声,还有课间和同桌的打闹,而你,就是见证这些的里程碑,微笑着助我回忆曾经的点点滴滴:黑板上五颜六色的字体,明快响亮的下课铃声,由岁月雕刻而成;斑斑驳驳的桌面,就连曾经的照片和泛黄的奖状,都是那么亲切,都在诉说着

082

曾经的所有。

抬起头，一眼就看见了那在蓝天中舞动的雪松树梢。

高大的雪松啊，你可记得？最初我稚嫩的脸庞，伴随岁月的流逝，你的年轮在一圈圈增长，而我也一点点长高，张开双臂，围住你的树干，紧贴着你冰凉的树身，听到的不是树汁流淌在你周身的声响，而是一首又一首曾经学过的忧伤的歌曲：《同一首歌》《洛列莱》……学校，我是多么舍不得离开您啊，却由不得自己抉择，再见了，雪松！

不远处的操场，更让我忆起奔跑追逐时的快乐。夏日的体育课，炙热的太阳像一个巨大的火炉，把我们蒸得满身是汗却仍逼迫我们像苍蝇一般在操场上一圈一圈地跑着。汗水迷糊了双眼，双腿又酸又痛，多想坐下来休息一会儿呀！但太阳光更加猛烈，在体育老师的压迫下又不得不软塌塌地跑着。渐渐地，眼前的世界迷糊了起来，我一屁股坐在了跑道上，同学们一个接一个在我面前跑过。突然一个天使般美好的声音从我身后传来："你没事吧？"扭头一看，啊！是你，来不及给自己擦汗便递给我一张纸巾；是你，不顾太阳暴晒到校门口给我买水；是你，滋润了我干渴的心田，为我的沙漠创造出一片绿洲，让我在六年中，对你充满好感与感激。

分别总是悲惨的、残酷的，如今，我们要与这校园的一切分开了。眼泪夺眶而出，淌下脸颊，我却毫无意识，只是任它打碎在地上。碎了的，不仅仅是泪水，也是我的心，还有那份浓浓的情。我不愿再去回忆了，因为不想让悲痛在心中徘徊，只是想好好地去逛一逛校园。

别了，亲爱的校园；别了，可爱的同学；别了，我的小学时光……

六年·匆匆
602班　范文竞

"那一年盛夏，心愿许得无限大，我们手拉手也成舟，划过悲伤河流……"记得从懂事开始，我就喜欢上了《时间煮雨》这首歌。当时还不理解歌词，可到了分别时才领悟到。

有感而留痕

　　以前听爸爸妈妈以及上一届的学哥学姐说，毕业晚会是很感动人的，所有人都会哭得稀里哗啦，可是我和几位同学提前来到现场玩滑滑梯时依旧很开心。当玩得大汗淋漓时，我却呆呆地望着滑滑梯，我何曾再见过我的幼儿园老师与同学？但不容我思考，又一次分别即将来临。我的心情沉甸甸的，有说不出的滋味。

　　"你曾说过不分离，要一直一直在一起，现在我想问问你，是否只是童言无忌？"……歌声飘荡在整个毕业晚会现场，同学们陆续进场，被这悠扬的歌声唤起了种种回忆：课堂上，我们积极发言，踊跃举手，能静能动；在课间，我们三三两两围在一起，一起玩耍，我们在教室里安静地写作业；运动赛场上，我们斗志昂扬，奋勇拼搏，努力为班级增光添彩。最令我难忘的是我们在一起吃蛋糕、棒冰、零食等的场景。

　　在毕业晚会上，我们一起合唱，看成长的足迹，老师、家长、同学代表发言，表演节目。是啊，时光匆匆，这可能是我们最后一次在一起穿校服了吧！我们上一个节目是侯佳静同学的演唱："天真岁月不忍欺，青春荒唐我不负你，大雪求你别抹去，我们在一起的痕迹。"真的真的引起了大家的共鸣。

　　"下一个节目是范文竞、魏宁、李欣倍表演的节目《明天同爱一起出发》。"当主持人播报时，我的心怦怦直跳，手紧握着话筒，都出了汗。当伴奏响起时，我十分慌乱地看向四周，随即又低下头去，可是又想起以前表演因太过紧张而出的种种窘事。我强迫自己镇定下来，可是一抬头，看见台下坐着那么多家长、老师、同学，心又悬了上来。但我看见了爸爸妈妈朝我投来了鼓励的目光，他们用眼神告诉我：加油，你一定能行，我们相信你！这么一想，我稍微安心了一些，尽自己最大的努力去表演，不就可以了吗？于是，我用心去听伴奏，用心去演唱。我要用歌曲表达出我对母校的尊敬；表达出我对班级的热爱；表达出我对老师的敬佩；表达出我对同学的依依不舍。我的紧张感逐渐消失，把伤感融合在歌词中，用婉转的声音唱出来，悦耳动听的歌声回荡在毕业晚会上空……

　　唱歌过后，动感的音乐响起，我们三人戴着鸭舌帽跳起了舞。毕业晚会的高潮被掀起，我们也知道这是最后一个节目。听到家长们的赞美声，我们充满了自豪感。

捧着手中的毕业证书，就像是奇珍异宝一般，上面那已成长为翩翩少年的我们，经历了6年的小学生涯，经历了磨炼。妈妈和我说："宝贝，你真的长大了，我还担心你因为胆小而发挥得不够好呢，你已经很勇敢了。而且这次演出，家长没插过一次手，真的很了不起！"我从1.1米的小个子到1.6米；从无知变懂事；从胆小变勇敢，这一切都因这六年的时光。

如今，时光不能倒流，过去的终究是过去了，但老师的教导之恩却永远无法回报，千言万语化作一句话："老师，谢谢您！""春蚕到死丝方尽，蜡炬成灰泪始干"，六年来，您待我们为亲人，我们在602大家庭里健康成长。

"大雪也无法抹去，我们给彼此的印记，今夕何夕，青草离离，明月夜送君千里，等来年秋风起……"大家纷纷和老师们合影，怀着沉重的心情，红着眼眶，走出我们小学最后一次见面的地方——毕业晚会会场。

我在心中也默默哼着，不知不觉，眼眶湿润了……

盛夏，毕业季
602班 裴津漫

弹指一挥间，我们在这个栀子花开的季节分离，各奔东西。我不想离别，更害怕离别。花一般的童年，梦一般的六年光阴，感谢有你们的陪伴。

似乎在教室里还有我们琅琅的读书声，在操场上还有我们团结拼搏的身影，在校园里还有我们愉悦的笑声。校园的每一个角落，我们都曾留下足迹。不过，那也许只能是曾经了。

毕业晚会，老师们致辞时我不禁落了泪。"四度春风化绸缪，几番秋雨洗鸿沟。黑发积霜织日月，粉笔无言写春秋。"六年，老师们为我们操了多少心啊。还有可爱的同学，这一次，大概是我们最后一次一起穿校服了吧。以前，不爱穿校服，不爱做早操，可临近毕业，这一切都变得异常珍贵，我真的害怕分离。校园花坛那棵高大的雪松也在不知不觉中增添了六圈年轮。六

有感而留痕

085

年,说长不长,可说短也不短啊。写初中作业时,还是会情不自禁地在封面写上"602",写上"实验"的校名;还是会情不自禁地将英语本折四折;还是会情不自禁地……一时让我改变这些,怎么可能?

两个月后,我将面对新的老师、新的同学,到一个全新的环境中学习。但在"实验"的日子,是无法让我忘怀的。我甚至害怕走进新学校时,又根据以前的印象走进"实验"那熟悉的教学楼。

看着我们的毕业照,每一个人都笑得那么灿烂,每一个人的眼里都闪烁着耀眼的光芒。我希望,我们可以一直这么快乐下去,一直一直……

我们永远不散,我们永远是晨曦中队无可取代的一员。

那年盛夏,我们毕业了
602班 朱娅瑄

"人有悲欢离合,月有阴晴圆缺。"光阴似箭,岁月匆匆,六年的时光一下就过去了,今天我们也毕业了,心中有多么不舍。我们每天上学,依然笑得那么灿烂。但我们谁都清楚,每个人的心里都有一股淡淡的惆怅……

记得小时候,每当有毕业班的大哥哥、大姐姐从我身边走过时,我都会投以美慕的目光,心想:"我们要什么时候才能毕业呀?"

"毕业"曾是一个渴望不可即的词语,如今,我们也要告别母校——实验,开始我们的初中生活……

要毕业了,本应该是兴奋的,但却有莫名的惆怅。陪伴了我6年的57张熟悉的面孔,此时就像放电影一般,一个个场景不停地在我眼前回放着:早读,同学们书声琅琅;课间,同学们打闹嬉戏;上课,同学们踊跃发言……

6年的时光中,总有一些让我永远不能忘怀,永远铭记于心的事,那就是培养了我们6年的班主任吴老师。古人说的好:"一日为师,终身为父。"更何况是辛勤教导了我们6年的恩师啊!每个老师都把我们当作自己的儿女一般看待。虽然有时我们也会很调皮,经常惹老师们生气,但他们依然对我们不抛弃,不放弃,认真负责地管教我们。

如今，我们要毕业了。校园里的一草一木，都再熟悉不过，校园里的每一个角落，都留有我们的痕迹，这里无处不充满了我们的回忆。

留长头发需要三年，剪短发只需要三秒；学知识学了一个学期，忘记只需一个假期；做同学做了六年，分开只需四张考卷……即将告别陪伴我们六年时光的老师和同学，真的万分不舍！再与你们一起穿校服的机会已经不再有了，和你们有过打闹嬉戏，但这一切的一切都变成了过去和回忆。六年了，谢谢你们陪伴着我走过的这六年，在心中永远和你们在一起。"我们说好不分离，要一直一直在一起……"

对小学生活真的有太多的留恋与不舍，一想到已经和大家分开了，与母校告别了，心中就有一阵止不住的哀愁。可天底下哪有不散的宴席呢，我们终究还是要面对"离别"。原来毕业竟是这般滋味，现在回想起当时的想法，真是可笑……

那年盛夏，我们真的毕业了！

有感而留痕

构建平台，加强即时信息交流

家校合作的作用主要体现在互动性、常规性和实效性上。搭建交流平台，丰富交流形式和内容，是家校合作的重要载体，是促进学生全面发展的重要方式和手段。不仅班主任和家长委员会之间要进行沟通交流，班主任与所有家长，家委会与全体家长之间的沟通也非常重要。家委会不只是班主任的传声筒，还应是全体家长与班主任、学校沟通的桥梁，让每一位家长了解学校、班级的工作，还要及时了解家委会的决策。这样几方之间实现了全方位的沟通交流，确保家校间的无缝对接。

1.搭建交流平台，交流互动常规化

为促进家校合作求实效，根据信息交流平台发展变化的新趋势，家委会与时俱进，先后开通了班级 QQ 群、班级网站和微信群。利用这些平台，各学科老师不定期通报学生在学校的总体表现和下一步教学思路。家长们结合自己的育儿实践情况，与大家分享成功经验和做法，探讨育儿教育过程中存在的困惑，提出促进班级文化建设和学生全面发展的合理化建议。通过互动交流，思想碰撞，产生共鸣，共同行动，努力形成人人参与，群策群力，为班级全面发展无私奉献的氛围。每天，这里时而热烈讨论，时而静默思考，时而笑语连连，时而温馨互助……

2.参与班级活动，交流互动丰富化

参与班级、学校活动的组织开展，是家校合作另一种重要的互动交流形式。家委会主动介入班级活动，减轻班主任的工作强度和压力，助力提升班级活动的成效。自家委会成立以来，不仅制订了科学的六年活动规划，每学年、每学期还根据学生成长变化情况，结合学校的工作要求，积极参与学校各类丰富多彩的活动，如百张笑脸迎新年、班级运动会等。同时，还以家长论坛、育儿经验谈等形式，让每位家长都参与到班级教育管理工作之中，让每个孩子参与到活动中来，体会活动的快乐，帮助学生度过一个快乐而有意义的童年。

有感而留痕

有痕而结果

校长眼中的家校合作

一直以来，家庭和学校的关系都是十分微妙的，可以说，家校合作很难。为什么难？难在三个缺乏：观念、平台、机制——彼此并不理解，没有对话平台，缺乏良性机制。因此家校合作的环境，总体并不乐观；家校关系始终非常纠结。

那么，到底该如何改善这种关系？有这样一个故事。

第一座房子：富丽堂皇，里边的人们衣冠楚楚。在这里，有人给工资，当然还有各种福利。可是，我们听不到有人感激它。在这里的人们，都感觉自己做得多，拿得少，许多人怨气冲天……这就是现代公司的写照。

第二座房子：人们怀着一种自觉、虔诚的感情走进去，礼貌地行走，庄重地说话。这里，非但不会给人们钱财，相反，在没有任何强制的情况下，许多人会自觉地拿出钱来，这是寺庙。

"两座房子"是南开大学教授齐善鸿讲过的故事。这个故事给了我很深刻的启示：公司是老板在主导规划，信仰是自己在参与规划。由此，我想到，当家长认为学校是校长、老师的学校时，家长就必然站在学校的对立面，见不得半点不好，诸多不领情；当家长认为学校是校长、老师、家长、学生共同的学校时，情况也许就不同了。

那么，如何让家长认为"学校，也是我的学校"呢？无疑，建立校家委会，开展家校合作，是十分重要而有效的途径。家校合作，必然要借助家委会，架起学校和家庭之间的桥梁，协调家庭和学校之间的关系，一方面反映家长意见，一方面解决学校教育的难题和矛盾，切实加强学校和家长双方沟通的

有痕而结果

作用。

结合我校的家校合作实际,我认为家校合作形式可以有以下几种类型:

第一,沟通型。我们经常从媒体上看到家长抱怨学校、抱怨老师、抱怨教育的言论和报道;另一方面,教师们普遍对家长也有不满,认为现在的家长太娇惯孩子,对教师要求也太多。不可否认,家校矛盾日益突出,家长和老师及学校之间存在一条鸿沟,而且,这条鸿沟产生的原因便是"互不信任"。家长对老师的尊敬是出于功利的目的,老师对家长的客气藏着"敬而远之"的心理,家校矛盾就来自这种互相的不信任。一旦家校之间发生矛盾,家长们因为利益的统一,会显得空前的团结。但与学校对立就会使情况更严重,容易发生群体家长信访事件。家长与老师、学校矛盾公开化,不但解决不了问题,且矛盾一发不可收拾,对孩子更是百害而无一利。

家校合作便体现在"沟通"二字上了。因为是家长们自己推选的校家委会成员,家长对家委会成员便有了信任感,有了依靠感。家长和教师都希望能把孩子教育好,但不免也有意见分歧,于是,家委会将家长意见集中起来,建立与学校的桥梁沟通。此时,放弃对立,柔性表达,少了七嘴八舌,少了吵吵嚷嚷,多了理性思考,多了互信互助,家长和学校、教师之间一定是能够进行良好沟通的。

学校还可以定期组织家长参加学校教育开放日等活动,加强学校与家长的交流和沟通,让家校活动升级,实现家校和谐共振。

第二,亲子型。随着新课程改革的不断深入,人们越来越认识到单一的学校教育已经不能承担起教育学生的全部责任,而家庭与学校通力合作,才能为学生创造良好的学习和教育环境。

如何通力合作?作为学校,应该多开发家校合作及亲子互动的课程,只有让家长积极参与进来,使家校双方的力量形成合力,才能避免家庭教育与学校教育效果的相互削弱与抵制。

现在越来越多的以班级为单位的亲子活动正走入新课程。"户外拓展练胆量""十岁典礼话成长""爸爸带我去探秘""妈妈和我谈青春期"等课程,让爸爸妈妈带着孩子参与，陪着孩子成长。这些典型的亲子型教育活动，与学校的教育课程完美结合，可谓知识学习、亲子成长一举两得。

第三，义工型。我们经常会看到这样的现象：一到学校的大型活动，如六一艺术节、春游、学校运动会等，学校的领导、老师、学生全部忙得团团转，而有些有心想参加活动的家长却苦于没有机会，无法参与其中。其实，学校组建家长学校志愿劝导队和义工队等，无疑可以让这些强有力的助手参与到学校工作中来。

比如丽水市实验学校校门口就是丽水市最繁华的中山街，加上校园小，学生人数多，一到放学时间，校门口便拥堵不堪，极易发生安全事故。值周领导和值周教师虽极力疏导，但人少力薄，总是战战兢兢，生怕出什么意外。而自从成立了"家长义工队"后，每天有家长轮流帮助协调、疏导，放学秩序变得井然有序，安全系数立刻提高几级。

第四，专家型。再扩展出去，以家长义工为载体，整合各行各业专家型家长的知识、技能和社会经验优势，弥补学校教育的不足，引导家长自愿发挥各自专业特长，参与学校管理，为学生成长提供良好的条件，这更可以是家长义工模式的核心。

比如学校周三下午的走班式拓展课程，"生活知识万花筒"课程便是由各个行业的专家型家长们发挥专长，轮流上课。如"珍爱生命远离毒品"主题课程由一位在市禁毒办工作的家长担任讲课老师；"我们身边的自救知识"主题课程，由另一名在医院急诊科工作的家长上课；"消防知识我知道"课程由一名消防员爸爸主讲等。这样的家长义工，不仅加强了家校合作，更是学校老师的知识能量补充源。

第五，学习型。虽说家庭教育的重要性已经被越来越多的家长们所认识，但还是有许多家长认为教育就是学校的事，与家庭无关。作为学校，既有责任，也有义务组织家长们参加各种家庭教育的讲座，以增强家长们对家庭教育的认识，明白更多的教育妙方。这样的教育知识讲座形式也可以多样化，可以是学校教师主讲，家长听；可以是优秀家长主讲，其他家长学；还可以

是教育专家主讲,家长听;亦可以是开展家庭教育沙龙,家长们畅所欲言……

我校积极为家长学习创设条件,成立了丽水市首个"家庭教育工作室"。工作室设在学校内,我校德育处副主任、少先辅导员、家庭教育专家兰春红老师任工作室主任,同时,邀请国家二级心理咨询师、丽水市资深教育专家蓝献华为工作室顾问,定期开展家庭教育讲座和沙龙活动。每次活动的开展,工作室先定主题,再定方案,以讲、议、演等方式,让家长参与精心设计的活动与游戏,将家庭教育理念实实在在地扎根在各位家长心中。

总之,学习型的家校合作,目的在于把家长们的学习积极性调动起来,把家长们从家里、棋牌室里、歌厅里拉到学校。静下心,坐下来,说出来,做起来,家校互学,真心投入,方得成功。

第六,监管型。家校误解,产生矛盾,很大程度上是因为家长对学校的管理和制度不了解。因此,组织一批有较高素养、懂教育的家长参与学校民主管理和监督是十分必要的。比如我校邀请了数十位家长代表成立"膳管会",不定时地对学校食堂的饭菜进行品尝、检验、监督,提出合理意见,切实提高学生伙食水准,让我校的食堂管理更加透明化、规范化、人性化。这项措施赢得了学生、家长、社会的一致好评。

多年以来,我校一直发挥家长优势,坚持家校合作,加强家校沟通,创造性地开展了"家校之约""家长义工""家长驻校办公""家长俱乐部""家长进校监会"等活动,在社会上产生了积极良好的广泛影响,甚至在全省都有了些许名气。但是,学校需要整合优化教育资源,教师开展班级工作需要家长参与支持,家长存在解决家庭教育困惑的急切需求,所以,家校合作是一个永恒的话题。我相信,只要学校、教师、家庭三方都互相信任理解,真正为学生成长考虑,真正从素质教育的理念出发,积极创想,就一定能走出一条家校携手、共阳光、和谐共好的家校教育新路子。

丽水市实验学校　刘必水

班主任眼中的家校合作

教育即生长，所有的教育无非就是为了人生长，但如果只有孩子的生长，而没有父母和教师的生长，那么这不是理想的教育。

虽然说父母陪伴孩子成长是心甘情愿的，是不求回报的，但是假如在陪伴孩子的成长中，家长自身也获得成长和发展，把陪伴的过程变成父母和孩子共生共长的生命场和精神家园，那就是最理想的家庭教育状态。

我们可以发现，家长的陪伴会随着孩子年级的增长而有所下降。在低年级，尤其是一年级，家长对孩子的陪伴参与程度是最高的。一年级是孩子将生活重心转入学校生活的最初阶段，家长对此充满了期待和担忧，非常关注孩子的成长变化。随着年级增长，到了三、四、五年级，家长会相对减少陪伴的时间，较少参与到孩子的学习、活动中来，认为孩子已经能够很好地适应学习和生活，不必担忧。

其实，在小学六年的时间里，家长们的陪伴应该是从始至终的，只不过每个阶段的陪伴方式不一样。从长时间的观察来看，愿意陪伴孩子的家长更自信，更愿意倾听别人的意见，更具亲和力和良好的沟通能力，对孩子的课程和学习内容表现真正的关心和参与，更善于团队工作。相对应的这一切也有助于孩子的发展，让孩子更自信，更阳光，对孩子学业成绩、能力的培养方面都有举足轻重的作用。

我总是能听到老师们对我班孩子的评价：自信、阳光、集体荣誉感强，而且情商高、能力强。万事都是有因才有果，我想除了孩子们自身的努力以外，更多的助力来自于我们的家长。我们班的家委会和家长们真的很给力。

有痕而结果

班级在六年时间的组建成长中,家校间的沟通渠道非常畅通,开展的活动丰富多彩,家长间的交流也非常频繁。聚合家长力量,活动中优化班级风貌,实践中健全班级制度,让我们的家校合作实现了有效地开展。

六年如一日,家长们在孩子成长的不同阶段赋予不同的陪伴内容,注重陪伴的质量,用不同的陪伴方式让孩子们快乐地成长。作为班主任,看到孩子们在家长的陪伴中,在与伙伴的平等交往中,在与我相处中,从稚嫩的孩童成长为阳光快乐的少男少女,心中的欣喜油然而生。六年中,不仅孩子得到了成长,许多家长也在陪伴孩子的过程中获得了成长,其间有许多值得赞许和深思的案例。

a妈,国企员工,孩子父亲为机关工作人员,两人文化水平均较高,都有自己的教育理念,但两人理念不同。父亲认为教育孩子应该放手让孩子经历和成长,母亲则认为应该对孩子的每一件事情都要关注和监督。孩子好动,上课不能专注地听讲,学习效率不高,平时两个人常在"要不要检查孩子的作业""孩子吃饭时要不要督促"等问题上发生分歧。在一次班级交流会中,班主任给家长们推荐了几本家庭教育类书籍,两人看过之后,了解到家庭教育的一致性对孩子的影响,开始反思自己的教育方式,并很好地进行了相互沟通,同时也加强了与老师、其他家长的交流。家庭氛围渐渐融洽,孩子也有了较大改变,学习成绩慢慢提高了。

b爸b妈在孩子出生9个月后,便将孩子托付给爷爷奶奶,两人到国外创业。爷爷奶奶没有文化,由于担心孩子会到处乱跑发生安全问题,基本让孩子在家里玩,极少与其他孩子有接触和交流。由于和父母相处时间少,缺少父母的陪伴,孩子不喜欢与他人说起自己的爸妈。在学校里,孩子很少说话,不喜欢和其他同学一起游戏、玩耍。二年级时,班主任将孩子情况与家长进行了交流,并分析了原因,预测目前教育对孩子一生的影响,但父母没有引起重视。经过一次次的沟通,在孩子四年级时,家长放弃了国外的事业,回到国内,当他们亲身感受到孩子的差距时,非常积极主动地学习家庭教育的相关知识,并积极融入班级活动中,在温暖的集体中,家长与孩子都在不断地成长进步。

c爸c妈，均为事业单位工作人员，平时工作繁忙，经常出差，社会应酬也多，早出晚归，甚至周末也时常加班。孩子一直与爷爷奶奶住在一起，平时孩子的教育则多由爷爷奶奶承担。爷爷奶奶对孩子的生活照顾得无微不至，事事代劳，恨不能代替孙子进入课堂学习。这导致孩子在学校里表现出生活自理能力较差，没有责任心，学习专注度也不高。在一次孩子花了半节课找书的经历后，班主任联系了家长，将孩子的情况以及长此以往的严重性与家长进行了沟通。在认识到自己的教育失误后，两人开始尽量减少应酬，静下心来陪伴孩子，并积极参加班级活动，与更多家长有了交流的机会，看到其他家长对孩子投入的精力与付出的时间，二人更是坚定了耐心陪伴孩子的决心。

d妈，全职妈妈，家中还有一个小女儿，由于孩子爸爸工作忙，应酬多，两个孩子的教育都落在妈妈身上。妈妈自己觉得文化水平不高，没有办法指导孩子学习，同时家中小女儿也会影响大女儿的学习，因此把孩子送到学习机构做作业，吃了晚饭在机构看会儿书，8点左右回家。大女儿在学校性格内向，上课总是精神不佳，一副心事重重的样子，注意力不能集中，对学习没有兴趣，动作拖拉。班主任通过与家长的沟通得知这一情况，建议家长把孩子接回家中做作业，同时要求爸爸尽量多地陪伴孩子。家长试着把孩子接回家中，按照老师说的去陪伴和鼓励孩子，发现孩子开始对学习产生兴趣，在家里也更开心了。在一次班级活动中，听了大家在家庭教育中的经验分享，尤其是了解了父母亲对孩子成长的重要性，孩子爸爸也开始逐渐改变自己，晚上和周末时常陪伴孩子，孩子成绩稳步提高，性格也愈发开朗了。

e爸e妈，自由职业，文化程度不高，两人空闲时间较多，晚上和周末都能陪伴孩子左右。对孩子要求很高，常常以班级中其他孩子的优点跟孩子的不足进行比较。两人酷爱手机，有事没事都将手机拿在手里，孩子做作业时也毫不避讳地玩手机。孩子性格暴躁，对学习没有信心也没有兴趣，三年级时开始沉迷网络，产生了厌学的情绪。在一次与班主任的沟通中得知孩

有痕而结果

子的问题可能与自己的陪伴方式有关系,了解到家庭环境的重要性,便下定决心孩子在家时,拿起书来与孩子一起学习,营造一个良好的学习氛围。渐渐地,孩子开始把兴趣从网络转移到学习上,在爸爸妈妈的耐心陪伴下,脾气也慢慢温和起来。

班级中这样通过家长间相互学习、交流,通过班级活动沟通、进步,通过陪伴孩子不断成长的家长还有很多。

作为班主任,跟孩子六年的相处,也只是漫长人生路上的一段美丽邂逅,我们凝结下的友谊与感情,希望给孩子们留下一辈子的印迹。我也知道,随着时光的流逝,这段记忆也会慢慢地淡化。可父母与孩子的缘分,却是伴随着整个人生之途,小学的六年时光只是其间的一小段。期望每一位家长把在这六年的陪伴中的所思所悟化为更加实际的行动,构建更加融洽的家庭环境,形成更加和谐的亲子关系,陪伴孩子的人生成长之途走得更加扎实、稳妥。愿每一个孩子都有一个美好而绚烂的人生,愿每一个家庭幸福美满!

丽水市实验学校 2010 级 2 班班主任　吴湘红

家长眼中的家校合作

　　丽水市实验学校 2010 级 2 班学生入学伊始，在老师推荐和家长自愿参加的基础上成立了首届家长委员会（以下简称家委会），家委会实行学年换届制。家委员自成立以来，家委员成员无私奉献、积极探索和尝试，不断拓宽活动形式，丰富活动内容，认真践行和探索家校合作的新模式和新领域，推动家校合作登上新台阶，形成合力共促学生全面发展的良性氛围。纵观六年来家委会工作的探索与实践，取得很好的成效，但也存在一些困难和问题，现将总结的经验和反思的不足与大家分享。

一、主要做法和成效

（一）建章立制，落实工作责任，推动家委会工作规范化

　　自家委会成立以来，为了充分发挥各成员工作的积极性和潜能，我们根据家委会的性质和职能，科学地设置了主任、副主任、计划财务员、后勤保障员、宣传教育员、策划组织员等六个职位，四名策划组织员兼任四个组的组长。通过组织机构的科学设置，建立了责任分工明确、沟通顺畅有效的工作机制。为了使家委会工作规范化和正常化，我们制订了《丽水市实验学校2010 级 2 班家委会章程（试行）》（以下简称《章程》）和《丽水市实验学校2010 级 2 班家委会工作六年规划纲要》（以下简称《纲要》）。《章程》从总则、组织形式、工作任务、工作方式、经费和附则等六个方面进行约束规范；《纲要》则详细制订出六年的工作任务和工作目标，做到了工作有的放矢。

有痕而结果

(二)搭建载体,丰富活动内容,推动家委会工作特色化。

家委会立足家校互动,以创建班级文化为目标,精心设计活动载体,确保活动质量,打造具有时代特征的实验学校班级文化。一是开展文化征集记录活动,培育班级文化。为创建培育具有特色的班级文化底蕴,家委会开展了中队命名、班徽设计、班训征集等活动,全班师生、家长群策群力,形成了以"晨曦中队"为班名,以"飞翔在书本上的蓝鸽为主题图案的圆形徽章"为班徽,以"拼搏每一天、充实每一天、快乐每一天"为班训,并以"我努力,我进步,我自信,我成功"为口号来激励自己奋进。同时,切实开展班级文化记录工作。班级文化培育需要日常学习生活中的积淀,为此家委会认真做好平时积累收集工作。六年时间,每逢学习、活动和生活有重大事项,我们都做好拍摄记录工作(如科技节、春秋游、运动会和其他比赛等),并制作成"学习成长精选影视系列片"DVD(总共六套),分别取名《晨曦》《晨光》《晨风》《晨曲》《晨旭》《晨晖》;每年度在固定的地点、固定的时间,给每个孩子拍摄成长个人照片,分二期制作成了《晨之梦》《晨之语》集体成长纪念册。二是定期组织开展亲子活动,培育班级文化。家委会根据孩子成长发展变化的特点,精心设计亲子活动内容和形式,努力使活动具有针对性和实效性。每年10月7日为班级亲子活动日,我们先后组织了"家庭教育座谈会暨亲子活动PK赛""秋天,我们去郊游""徒步登山迎金秋""我们十岁啦!集体生日party暨成长仪式活动""户外拓展暨创意摄影主题亲子活动"和"鱼跃幸福养生暨爱国主义教育"等六次大型亲子活动。通过活动搭建了学校、家长和学生交流互动的平台,形成了家校共建促进学生全面发展的氛围,营造了一个"乐学好学""健康活泼""团结合作""富有爱心"的动态班级文化。同时,为了确保各项活动安全、有序、高效地开展,我们在每次活动过程中都制订了校外活动突发事件应急预案,全面提高家委会成员应对突发事件的综合管理水平和应急处置能力。

（三）强化沟通，凝聚共识合力，推动家委会工作常规化。

家委会工作的生命力源于全体师生和家长的大力支持和配合。为了调动大家参与的积极性，家委会抓准工作切入点，有力地推动了家委会工作的顺利开展。一是利用互联网技术，搭建沟通平台。根据信息技术发展趋势，先后建立家长交流 QQ 群和微信群，搭建了老师与家长、家长与家长之间沟通交流的平台，共同探讨交流小孩成长、教育和发展等问题，及时掌握、了解校方和班级动态，讨论学校和班级安排的其他活动事项。二是建立定期联系交流机制，形成合力促发展的共识。每学期初至少召开一次家委会例会，总结上学期工作情况，商议本学期工作计划。每次家长会，家委会向全班家长汇报工作开展情况。同时，根据工作需要，不定期召开班级文化创建工作论坛，邀请全体家长和老师参加，通过论坛交流互鉴，有利于家长了解教师的教学思路和方法；有利于集思广益形成合力共建班级文化建设，促进学生全面发展。

二、存在的困难和问题

家委会在六年工作实践中，取得了较好的成效，但在工作开展中也存在着一些困难和问题，主要体现在：一是活动的形式、内容确定难；二是活动开展创特色难；三是调动全体参与者积极主动配合且产生共鸣难；四是挖掘家长资源，充分发挥优秀家长的辐射带动作用难；五是活动开展持续性难等。

三、经验与建议

（1）家委会成员必须由热心、乐于奉献，且具有一定特长和组织协调能力的家长组成精干高效的队伍。

（2）活动要有生命力，必须贴近实际、贴近需求，这样才能产生共鸣，得到全体家长、师生的支持和配合。

（3）必须建立行之有效的沟通交流机制，形成群策群力、集思广益抓家

有痕而结果

校合作促学生全面发展的格局。

（4）家委会要善于整合优秀家长资源,充分发挥优秀家长特长以起到服务班级文化建设的示范带头作用。

（5）必须建立科学合理的六年工作规划和年度计划,并持之以恒地贯彻落实到位。

路漫漫其修远兮,家委会工作任重而道远。家委会工作是一项神圣的工作,它凝聚着家长对孩子的关心,社会对学生的爱心。同时,家委会工作又是一项志愿者的事业,它需要我们无私的付出,需要我们对教育的奉献。相信有我们这么多家委会成员的爱心汇集,这么多优秀家长资源积极配合支持,有学校领导、教师的大力支持,家委会和学校的各项工作一定会更上一个新的台阶。

学生家长　殷可祯

附录：

关于公布丽水市实验学校 2010 级 2 班家委会成员名单
及家庭活动分组安排的通知

各 2010 级 2 班学生家长：

经丽水市实验学校 2010 级 2 班家委会研究决定，现将家委会成员名单及家庭活动分组安排作如下通知：

一、家委会成员名单

名誉主任： 吴老师（班主任）

主   任： 侯爸爸

副 主 任： 徐妈妈

计划财务员： 李妈妈

后勤保障员： 张妈妈

宣传教育员： 刘妈妈

策划组织员： 叶妈妈（牵头，兼任第一组组长）

　　　　　　　程妈妈（兼任第二组组长）

　　　　　　　吴妈妈（兼任第三组组长）

　　　　　　　赵妈妈（兼任第四组组长）

有痕而结果

二、家庭活动分组安排

第一组组长：叶妈妈

组员：陈××家庭、陈××家庭、陈××家庭、程××家庭、范××家庭、郭××家庭、侯××家庭、胡××家庭、黄××家庭、蒋××家庭、金××家庭、蓝××家庭、留××家庭。

第二组组长：程妈妈

组员：蓝××家庭、蓝××家庭、李××家庭、李××家庭、李××家庭、李××家庭、梁××家庭、林××家庭、林××家庭、刘××家庭、刘××家庭、吕××家庭、施××家庭。

第三组组长：吴妈妈

组员：舒××家庭、宋××家庭、宋××家庭、孙××家庭、孙××家庭、童××家庭、王××家庭、王××家庭、魏××家庭、吴××家庭、吴××家庭、吴××家庭、吴××和吴××家庭。

第四组组长：赵妈妈

组员：吴××家庭、夏××家庭、徐××家庭、徐××家庭、叶××家庭、叶××家庭、詹××家庭、张××家庭、张××家庭、章××家庭、赵××家庭、朱××家庭、朱××家庭、邹××家庭、裴××家庭。

丽水市实验学校 2010 级 2 班家委会

二〇一〇年九月二十二日

丽水市实验学校 2010 级 2 班家委会章程(试行)

2010 年 9 月 22 日

第一章 总 则

1. 家长委员会(简称家委会)是在学校、班级、家长共同倡导下产生的一种民间性教育组织。

2. 家委会成立的目的。

（1）家委会是构建家庭教育与学校教育的纽带。它是学校、家庭联系的桥梁，促使家长紧密地与学校、班级相配合，形成家校教育合力，以利于学生全面、健康地成长，为孩子创造良好的教育环境。

（2）家委会是家庭教育参与学校教育的平台。通过家委会这个平台，可增强老师与家长之间、家长与家长之间的沟通和交流。多方传递信息、交流经验、协调关系，让家长资源成为学校教育和管理的新资源，共同实现促进学生全面发展的教育目标。

3. 家委会成立的宗旨。

家委会旨在提高家长在班级管理中的参与度，支持、监督、促进学校、班级的各项工作。让孩子学好课本知识的同时，参加一些有益的社会实践活动，让孩子的课余生活、学习环境充实、生动、有益，丰富知识面，提高孩子的社会适应能力。让孩子各方面和谐健康发展，提高孩子的综合素质。

第二章　组织形式

1. 家委会成员是在老师的推荐和家长自愿参加的基础上产生。家委会成员实行学年换届制，每一学年以班主任推荐为主、家长自荐为辅产生，原则上每位家长均有机会担任。

2. 家委会成员条件。

（1）热心教育教学管理事业，积极了解、学习并懂得一定的教育规律。

（2）主要承担孩子的家庭教育，具有直接的经验与感受。

（3）家长具社会代表性（职业、文化、经济、家庭结构等）。

（4）工作认真负责、公正无私，待人诚恳，客观理智，思想开明。

3. 家委会组织架构及主要职责。

（1）家委会设名誉主任 1 名（由班主任担任），主任 1 名、副主任 1 名、各类委员 7 名（均由家长担任）。

（2）主要职责。

名誉主任：参与指导家委会工作，出席家委会会议，陈述意见，做重大事项决策。

有痕而结果

主任:全面召集主持各项日常工作,传达学校教育精神和年级家委会工作要求,宣传和实施班级的教学思想和理念,做好教师教学的助手,架设家长与学校间的沟通桥梁。

副主任:协助主任做好各项工作,并跟进各项工作的进度及完成性。主要负责各项活动安全保障工作的协调和落实,负责家委会信息和资料的收集、整理、归档。

计划财务员:①做账、审核,定期在网上公布各项费用,做好解释工作。协助各委员拟定财务费用方案。②现金管理,审核班费收支,做好账务明细管理,配合班级所需的支出,收集及保管基金,协助后勤保障员工作。

后勤保障员:①负责家委会活动的基本物资保障。②配合班级进行的学生活动,学生教育、课外活动的物质购买。③配合策划组织员工作。

宣传教育员:①以家委会名义做好家校教育的对外宣传活动,扩大班级的对外影响。利用各种宣传手段,在家长中营建良好的舆论氛围,保持家长思想与学校工作目标的统一,配合学校的改革、建设和发展。②负责家委会信息宣传,负责班级博客的管理、日常文章撰写、美术美工,负责各类活动的摄影和摄像。③负责传递、收集老师、家长所反馈的信息、意见或建议。对班级的教育质量、教学活动等方面提出建设性意见,正确做好教育教学评价,实行必要监督。

策划组织员:①结合学校工作,策划、设计学期各项活动计划和方案,制订活动总目标,具体组织实施各项活动。招募家长志愿者,协助家校活动的开展,调动广大家长积极参与家校活动的积极性。②配合班级进行的学生活动,负责学生教育、课外活动的场地选择和工作联系。③负责分组联系家长工作的安排,包括日常联系、活动安排(全班分设四个小组,由策划组织员兼任小组组长,承担相应的组织、联系、协调等工作)。④经名誉主任、主任同意,参与班级对外交流、文娱活动等。

第三章　工作任务

1. 家委会应以推进班级工作为重心,以加强家庭教育为主线,支持、参与学校、班级教育、教学工作,共同配合,齐抓共管,形成家校教育合力,为学生的健康成长创造良好的环境。同时要围绕家庭教育这条主线,通过多种渠道大力开展家庭教育工作,推广成功经验,促进家庭教育与学校、班级教育协调一致。

2. 家委会要关心和支持班级教育、教学工作,为班级进步出谋划策。

3. 家委会要做好学校、班级和家长,教师和学生之间的沟通和交流工作,积极参与班级教育、教学管理,努力营造适合教育发展和学生成长的良好氛围。家委会应做好学生与家长之间的沟通,收集和整理学生家长的建议和意见,积极和班主任、任课教师交流,加强学生的教育和管理。

4. 家委会和班主任、任课教师一起,配合学校教师的教学要求,讨论、落实和总结各项工作,并将相关内容对学生家长进行通报,和各位学生家长一起,帮助学生全面健康发展,平时可通过各种方法加强联系。

第四章 工作方式

1. 家委会成员向全体家长公开联系方式,以及采用书面联系方式分组与家长进行日常联系、活动联系。

2. 每学期举行1—2次家委会例会。

3. 每学年向全班家长汇报一次工作。

第五章 经 费

1. 经家委会讨论同意后建立"班费"和"家委会活动基金",由家委会负责"班费""家委会活动基金"的筹措和财务管理工作,每学年(或学期)公布收支情况。

2. 基金来源。

"班费"原则上由全班就读的学生家长筹集;"家委会活动基金"由全班就读的学生家长自愿筹集(采取AA制),本着公平、公开、节约的原则开支。

3. 基金申请流程。

提出申请,然后交由主任审批,通过后再执行使用。

4. "班费"主要用于具有机动性质的日常教学活动、班级活动等开支;

有痕而结果

"家委会活动基金"主要用于家长和学生一并参与班级活动等开支。所有开支须留存相关票据或证明,以便于年度基金开支公布。

第六章　附　则

1. 家委会的所有活动均属无偿服务、义务劳动,不带有任何商业性质。

2. 家委会的所有活动均是为了孩子,家长作为孩子行为和安全的监管人,在公共场所组织的活动,原则上要求家长与孩子一同参与。

3. 家委会的活动应有计划、有规则、有组织地开展,重要活动应事先征得学校、班级的同意或认可,活动情况应及时向学校、班级反馈。

4. 其他未尽事宜由家委会商定。

丽水市实验学校 2010 级 2 班
家委会工作六年规划纲要
(2010 年 9 月—2016 年 7 月)

一、组建家委会机构。推选家委会成员,明确家委会成员分工(全班分四个小组,成员兼任小组组长),公布家委会成员名单和电话号码。

二、制订《丽水市实验学校 2010 级 2 班家委会章程》。分为六章,包括总则、组织形式、工作任务、工作方式、经费及附则。

三、制作通讯录。分 1—3 年级、4—6 年级两次制作。

四、建立家长交流 QQ 群。搭建家长沟通交流的平台,共同探讨交流小孩成长、教育和发展等问题。及时掌握了解校方和班级动态。讨论非学校和班级安排的其他活动事项。

五、设计班徽。班徽是学校文化的重要组成部分,是班级文化的一种载体,是体现班级特色、凝聚人心和鼓励师生开拓创新的精神旗帜。设计要求:①提炼班级的个性、特色和优势,赋予作品一定的内涵。②构思新颖、创意独特、简洁大方、寓意深刻,有较强的时代感,具有形式美和视觉传播效果。③识别性强,内涵丰富,图案清晰,颜色种类不宜过多。④须有设计和创意的详细文字说明。

六、确定班训和口号。班训：拼搏每一天、充实每一天、快乐每一天。口号：我努力,我进步,我自信,我成功。

七、编辑"学习成长精选影视系列片"。共六套,每年一套,分别取名《晨曦》《晨光》《晨风》《晨曲》《晨旭》《晨晖》。安排家长全程拍摄学校和班级重大活动,每年年底整合各活动视频,通过专业团队编辑制成 DVD,作为新年礼物赠送每位小朋友。

八、设计"集体成长纪念册"。分 1—3 年级、4—6 年级两次制作,分别取名《晨之梦》《晨之语》。平时注重积累收集六年小学的学习、活动、生活等重大事项照片(学习、远足、春秋游、运动会、其他比赛竞技类照片);记录校园、班级、任课老师等六年成长变化过程。

九、拍摄并制作成长对比照。每年度在固定的地点,相对固定的时间给每个小朋友拍摄成长个人照片(共六张),年终设计制作成对比照,冲洗并塑封,作为新年礼物赠送每位小朋友。

十、定期召开例会和通报会。每学期初至少召开一次家委会例会,总结上学期工作情况,商议本学期工作计划。每次家长会,家委会向全班家长汇报工作开展情况。

十一、举办年度大型亲子活动。确定每年 10 月 7 日为班级亲子活动日,活动计划暂定 2010 年为"家庭教育座谈会暨亲子活动 PK 赛";2011 年为"秋天,我们去郊游";2012 年为"徒步登山迎金秋";2013 年为"我们十岁啦! 集体生日 party 暨成长仪式活动";2014 年为"户外拓展暨创意摄影主题亲子活动";2015 年为"鱼跃幸福养生暨爱国主义教育";2016 年为"毕业典礼暨'晨之梦'晚会"。

十二、组织班级运动会暨校运会资格选拔赛。每年校运会前一个月,按照校运会的赛程设计,组织班级运动会,动员每个小朋友都有机会参与各类竞赛项目。每位家长参与裁判员、工作人员等后勤保障工作。

十三、编排文化艺术周和运动会开幕式节目。每年学校艺术周和运动会,配合班主任参与文艺表演和入场式节目的编排。

有痕而结果

十四、制作教师节礼物和贺卡。制作手工月饼(蛋糕、饼干等)和自行设计制作的精美贺卡,在每年教师节赠送校领导和任课教师,以示节日的问候和良好的祝愿。

十五、编发原创节日祝福短信。编制原创短信,每一传统佳节都给每位任课老师、家长发祝福短信。特殊时期和重大事件,及时发送温馨提醒。

十六、参与教室部分空间的布置。根据校方规定,积极配合班主任,参与教室部分空间的布置,如自供格言或名人名言,拟邀丽水市书法家题词;选有助小学生学习和成长的图片,经专业设计人员编辑后上墙,有效美化教室环境。

十七、班级 VI 形象设计。

十八、拍摄毕业情景微电影。

《晨之梦》纪念册设计方案
(2013 年 12 月 08 日)

一、封面

晨之梦
丽水市实验学校 2010 年 2 班
班级文化建设暨集体成长纪念册(上)

二、内页(左前言,右上目录,右下编委说明)

第一部分:

1.班主任寄语(略、另附)

2.目录

●寄语·1

●学校简介·2

●校领导介绍·3

●任课老师介绍·4

3.《晨之梦》班级文化建设暨集体成长纪念册编委

顾　　问:吴老师

主　　任:侯爸爸

副主任:朱爸爸

委　　员:叶妈妈、王妈妈、杨妈妈、叶妈妈、程妈妈、吴爸爸、赵爸爸

责　　编:侯爸爸

摄　　影:朱老师(特邀)、侯爸爸、叶妈妈

封面题字:略

设计/制作:略

第二部分:学校简介

校徽＋文字介绍＋校园照片

校训:健康、诚信、博雅

时任校长:丁校长

【需校方提供:校徽 jpg 版本、学校概况、校园建设照片、丁校长个人照片(与校方网站同步资料)】

第三部分:领导介绍

照片＋个人信息:丁校长、徐书记、潘副校长、徐副校长、周副校长

第四部分:任课教师介绍

吴老师、朱老师、钟老师、罗老师、虞老师、叶老师、陈老师、丁老师、毛老师、支老师、叶老师、叶老师、雷老师、李老师

第五部分:班级文化建设

有痕而结果

班徽设计＋释义

班训:拼搏每一天、充实每一天、快乐每一天

口号:我努力,我进步,我自信,我成功

班服(设计图片):衣服＋班徽

班帽(设计图片):鸭舌帽＋班徽

教室局部(照片):略

爱的约定(设计图片):懂得用嘴角微笑,学会用耳朵聆听,知道用小手帮忙,体会用心灵理解。

班级公约(设计图片)　　　　墙面布置(设计图片)

每周之星(设计图片)　　　　中队角(照片)

向日葵之家(照片)　　　　　小广播(照片)

黑板报(照片)　　　　　　　采蜜角(照片)

中华传统文化展(照片)　　　诵读经典、传承美德(照片)

步步高(照片)　　　　　　　十岁宣言(设计图片)

十岁许愿卡(设计图片)　　　十岁祝福卡(设计图片)

成长对比(设计模板)

第六部分:影视展示

2010 年《晨曦》、2011 年《晨光》、2012 年《晨风》、2013 年《晨曲》的 DVD封面和光盘图案设计图片。

第七部分:合影记录

1.班级活动合影

20101112 秋游,20110402 春游,20111125 秋游,20120401 春游,20120928 校级运动会,20121207 秋游,20130322 春游,20130915 班级运动会,20130930 校级运动会,20131022 秋游。

2.家委会活动合影

2010 年的"家庭教育座谈会暨亲子活动 PK 赛"

2011 年的"秋天,我们去郊游"

2012 年的"徒步登山迎金秋"

2013 年的"我们十岁啦！集体生日 party 暨成长仪式活动"

第八部分：文艺会演

1.丽水市实验学校第十八届校园艺术节 102 班《红旗飘飘》文艺会演

2.丽水市实验学校第十九届校园艺术节 202 班《我有一双小小手》文艺
会演

3.丽水市实验学校第二十届校园艺术节 302 班《敦煌诗韵》文艺会演

第九部分：精彩瞬间

精选 1—3 年级所有活动的经典抓拍照片各 4 张

第十部分：家庭集萃

闪亮推出全班 60 幅幸福家庭照

三、封底

《晨之语》纪念册设计方案

一、封面

晨之语

丽水市实验学校 2010 级 2 班

班级文化建设暨集体成长纪念册(下)

丽水市实验学校 2010 级 2 班家委会

二、内页

第一部分：序言、目录和编委(2 面)

1.序言(雷老师撰写)

2.目录

3.编委会

第二部分：重要题字(4 面)

校领导代表题字(实验校训：健康、诚信、博雅)

有痕而结果

教师代表题字(办学理念:创造适合学生的教育,为学生终生发展和幸福人生奠基)

学生代表题字(602班班训:拼搏每一天,充实每一天、快乐每一天)

书法家题字(602班班级文化建设暨成果展示名称:晨之源、晨之汇、晨之颂、晨之歌)

第三部分:学校概况(2面)

学校文字介绍＋校园风光

时任校长:略

学校地址:略

联系电话:略

第四部分:领导介绍(所有领导照片的背景全部调整为蓝色)

第五部分:班主任寄语(2面)

1.证件照＋班主任寄语

2.生活照＋学生写给班主任文章一篇

第六部分:恩师介绍(××面)(所有老师照片的背景全部调整为蓝色)

证件照一张＋姓名＋任教科目＋学生写给老师的文章一篇

第七部分:毕业影记(预留2面位置,把框架设计好,合影和签名处留空白)

1.毕业合影(打横设计)

2.毕业签名(打横设计)

第八部分:印象课堂(1面)

上面排课堂照片,下面排对应名字

第九部分:个人介绍(4面)

个人证件照(蓝底)按学号排列

学号＋姓名,按61个学号排列

第十部分:创意摄影(2面)

第十一部分:成长对比(31面)(六年)

1 面放 2 个小孩,预计 31 面

第十二部分:文化建设

1 张教室全景照片＋10 张设计稿(设计 2 面还是 4 面,可根据美观需要自行决定)。

第十三部分:影视展示

展示 1—6 年级六个 DVD 的封面封底和光盘内页设计(设计 2 面还是 4 面,你根据美观需要自行决定)。

第十四部分:合影留念

1. 班级活动合影

2. 家委会活动合影(预留毕业晚会集体合影 1 张)。

第十五部分:精选瞬间

毕业晚会(6 面)(预留位置)

第十六部分:毕业寄语

标准证件照(红底)＋个人资料

(每人一面,按学号顺序排列)

第十七部分:封底

创意摄影一张,其他创意设计

丽水市实验学校 102 班家庭教育座谈会
暨亲子活动 PK 赛活动方案具体细节安排

一、活动意义

通过家庭教育座谈会,可增强教师与家长之间、家长与家长之间、家长与学生之间的交流,搭起三者间一座沟通的桥梁,同时可进一步学习(探讨)家庭教育知识(经验)。通过才艺表演,可展示学生风采,锻炼学生胆量,增加班级凝聚力。通过亲子群体间的活动交流,可增进亲情,开拓孩子的生活领域,让孩子在家长的配合和教师的指导下接触新鲜事物和活动游戏,增进教师、家长及孩子间的感情,以提高班级教育质量,增强家校间的透明度、信

有痕而结果

任度,更好地发展孩子的社会交往能力。

二、主要议程

1. 班主任吴湘红老师致辞。

2. 朱娟娟老师讲话。

3. 各家庭代表简要介绍家庭基本情况,交流家庭教育经验,提出对班级、家委会的希望和建议。

4. 学生自荐才艺表演。

5. 亲子活动 PK 赛。

6. 合影。

7. 聚餐。

三、具体安排和责任分工

1.9 月 22 日,召开家委会成员会议,讨论《丽水市实验学校 2010 级 2 班家委会章程(征求意见稿)》,通过《实验学校 102 班家委会成员名单、联系电话及家庭活动分组安排》,商量《首次家庭教育座谈会暨亲子活动 PK 赛》有关事宜(吴湘红老师牵头)。

2.9 月 22 日,上传《丽水市实验学校 2010 级 2 班家委会章程(征求意见稿)》《关于公布丽水市实验学校 102 班家委会成员名单和联系电话及家庭活动分组安排的通知》《关于召开丽水市实验学校 102 班家庭教育座谈会暨亲子活动 PK 赛的预备通知》至群共享,并短信通知各学生家长上网查阅有关通知(侯学峰负责)。

3.9 月 26 日,各策划组织员(各组长)电话通知本组组员,并要求其自行下载活动预备通知,详细了解活动有关事项。电话通知时,要求 9 月 28 日前明确参会人数(报几大一小);并提醒学生家长要提前准备 3 分钟的简要家庭情况介绍,家庭教育经验和对今后班级及家委会意见和建议;9 月 29 日前反馈学生才艺表演节目,含节目名称、时长、须携带何种乐器或需会务组提供何种服务保障(叶妈妈牵头,程妈妈、吴爸爸及赵爸爸负责)。

4.9 月 30 日,汇总参会人员名单(叶妈妈负责)。

5.9月30日,汇总学生自荐才艺表演节目(叶妈妈负责)。

6.9月25日—10月2日,策划才艺表演和亲子活动方案(叶妈妈牵头,程妈妈、吴爸爸及赵爸爸负责)。

7.10月3日,设计印制节目单,制作会场横幅、会议台签、门厅欢迎词(侯爸爸负责。横幅内容为"丽水市实验学校102班家庭教育座谈会暨亲子活动PK赛"。台签内容为"学号·学生姓名家庭"。门厅欢迎词为"热烈欢迎参加丽水市实验学校102班家庭教育座谈会暨亲子活动PK赛的老师、家长和小朋友"。会议:七楼多功能厅;用餐:餐厅二楼)。

8.10月3日,与山水宾馆餐饮部对接聚餐桌数和餐标(杨妈妈负责)。

9.10月7日上午,采购座谈会水果、零食、活动道具、奖品等,并按策划组织员要求进行摆台;检查落实会场音控效果(杨妈妈牵头,王妈妈、叶妈妈、程妈妈、吴爸爸及赵爸爸配合)。

10.10月7日13时30分开始,落实会议签到、引导入座、会场秩序、安保医疗措施等(朱爸爸牵头,吴爸爸、赵爸爸配合)。

11.10月7日13时30分开始,摄影摄像、被邀请人员接待、信息报道等(杨妈妈、叶妈妈负责)。

12.10月7日14时,宣布座谈会开始,主持座谈会(侯爸爸负责)。

13.10月7日15时30分,宣布并主持学生自荐才艺表演和亲子活动开始(程妈妈负责)。

14.10月7日17时,合影(侯爸爸负责)。

15.10月7日17时30分,集体用餐,缴纳会费。(杨妈妈牵头,王爸爸收费)。

16.10月7日19时30分,结束,检查并提醒遗留物品主人(朱爸爸牵头、叶妈妈配合)。

丽水市实验学校102班家委会

二〇一〇年九月二十四日

有痕而结果

丽水市实验学校 202 班 2011 年度亲子活动
"秋天,我们去郊游"活动方案

一、活动主题

秋天,我们去郊游

二、活动意义

1.通过亲子活动,增强教师与家长之间、家长与家长之间、家长与学生之间的交流。

2.通过亲子群体间的活动交流,可增进亲情,开拓孩子的生活领域,让孩子在家长的配合和老师的指导下接触新鲜事物并参与游戏活动,增进老师、家长及孩子间的感情,以提高班级教育质量,增强家校间的透明度、信任度,更好地发展孩子的社会交往能力。

3.欣赏秋天里大自然的美景,体验郊游的乐趣。观察并发现秋天的特征及秋天里人们的活动,激发小朋友热爱大自然的美好情感。倡议孩子们保护生态环境,从身边的小事做起,从点滴做起,自觉拾捡郊游丢弃的垃圾,维护大自然的美好环境。

三、活动时间

2011 年 10 月 7 日。

四、活动地点

丽水市新世纪休闲农庄(小白岩)。

五、参加对象

班主任、全班学生及家长。

六、活动议程

1.8:00　丽水市行政中心南门集中。

2.8:10　丽水市行政中心南门合影。

3.8:30　出发至小白岩(行程路线:市行政中心南门→市行政审批中心→中意大酒店→市公安局→市中院→人民路→括苍路→丽阳路→三岩寺路

口→附高中学→桃山大桥→新世纪休闲农庄）。

4.9：00　亲子活动集合。

5.9：20　拔河比赛。

6.10：00　活动待定。

7.10：30　野炊活动（包饺子,烧烤等）。

8.11：30　中餐。

9.12：30　自由活动。

七、其他事项

1.采取自愿报名。

2.经费 AA 制（经费为初步预算,具体分摊金额按实际支出的决算为准。活动结束且经费决算后,家委会多余款项划入其独立的"家委会活动基金账户"并留存下次活动使用;不足款项,定期补缴）。

3.交通工具由各小组统一调剂解决,原则上拼车前往。在小组不能解决时,由家委会统筹安排。

4.本活动是家长的自发行为,属非营利及商业性活动,其首要目的是孩子的健康全面成长。家长作为孩子行为和安全的监管人,在公共场所组织的活动,原则上要求家长与孩子一同参与。

家委会在活动中尽量做到完善细致,但难免会有不足的地方,希望各位家长朋友能互相帮助、互相合作、互相理解,共同努力,实现我们美好的愿望。

丽水市实验学校 202 班家委会

2011 年 9 月 15 日

丽水市实验学校 302 班 2012 年度亲子活动
"徒步登山迎金秋"活动方案

一、活动主题

徒步登山迎金秋

121

二、活动意义

1.通过亲子活动,增强教师与家长之间、家长与家长之间、家长与学生之间的交流。

2.通过亲子群体间的活动交流,开拓孩子的生活领域,让孩子在活动中接触新鲜事物和认识绿色植被,增进教师、家长及孩子间的感情,更好地发展孩子的社会交往能力,密切家校联系,推进素质教育。

3.欣赏秋天里大自然的美景,体验徒步登山的乐趣。观察并发现秋天的特征,激发小朋友热爱大自然的美好情感。倡议孩子们保护生态环境,从身边的小事做起,从点滴做起,自觉养成讲文明、爱卫生、勤观察、爱思考的良好习惯,促进人与自然和谐相处。

三、活动时间

2012年10月7日(周日)。

四、活动地点

丽水市白云森林公园东侧(陈寮山老路至庵堂盘山公路)。

五、参加对象

吴湘红、朱娟娟、陈松女、支华等老师家庭,全班同学家庭。

六、活动日程

①8:00 丽水市白云森林公园牌坊下集中。

②8:20 丽水市白云森林公园牌坊下合影。

③8:30 陈寮山老路山脚出发至庵堂盘山公路交叉口。

④10:00 庵堂盘山公路集合,并观赏丽水全城景观。

⑤10:30 庵堂盘山公路交叉口出发至陈寮山老路山脚(原路返回)。

⑥11:50 中餐(老杨敏休闲山庄)。

⑦12:30 自由活动。

七、其他事项

1.采取自愿报名。

2.经费采取AA制。

预算支出:餐费 700 元/桌×13 桌＝9100 元。

预算收入:考虑到上年度家委会活动基金尚有结余,本次活动按 130 元/人计算,每位预缴 50 元(以实际参加人员收取,大人和小孩收费相同)。上述经费为初步预算,具体分摊金额按实际支出的决算情况为准。活动结束且经费决算后,家委会将多余款项划入其独立的"家委会活动基金账户"并留存下次活动使用;款项不足,定期补缴。

3.交通工具原则上由各小组自行解决,建议拼车。在小组不能解决时,由家委会统筹安排。

4.建议穿宽松的长袖衣服和长裤,穿运动鞋或徒步鞋,戴墨镜和太阳帽,带湿纸巾和防晒霜等。

5.如遇下雨等不可抗力的原因,活动延期举行。

6.本活动属公益性活动,由家委会倡导,家长自愿参加。响应并参与本次活动的孩子必须由家长随行监管,各家长对自身及孩子的安全负责。家委会为群众性组织应尽可能提供服务,但不承担安全责任。参加活动者即视为同意本条款。

家委会在活动中尽量做到完善细致,但难免会有不足的地方,希望各位家长朋友能互相帮助、互相合作、互相理解,共同努力,实现我们美好的愿望。

丽水市实验学校 302 班家委会

2012 年 9 月 17 日

有痕而结果

"我们十岁啦!"
——实验学校 302 班集体生日 party 暨成长仪式活动方案

十岁,是成长的一个转折点,是人生道路上的里程碑。十岁,意味着长大,意味着有自己的一份理想和责任。十岁集体生日活动,是入学三年来成长历程的一次回顾,也是对未来三年的展望和勉励。为了让每一位孩子度过一个富有意义的生日,给他们留下终生难忘的记忆,实验学校302班家委会特委托丽水市大卫婚庆企划中心举办"我们十岁啦!"主题集体生日party暨成长仪式活动。通过仪式,孩子们将告别幼稚的童年,迈入憧憬无边的少年时代;通过仪式,让孩子们时刻保有一颗真挚的感恩之心,感激父母的相伴,感激老师的教育,感激所有给过自己关怀的人,并懂得一定的社交礼仪;通过仪式,一定程度上消除同学间生日宴请攀比的现象和频繁出席宴请的时间负担。

一、活动时间

2013年5月10日(周一)15:30—19:00。

二、活动地点

丽水市东方宾馆二楼多功能厅。

二、参加对象

吴老师、朱老师、陈老师、支老师、叶老师等老师,全班学生和家长。

三、活动项目

1.许愿篇:4月底班队课,在教室放置两棵愿望树,并分发给每一学生一张愿望卡,孩子们写上自己的愿望,然后将愿望卡挂在愿望树上。主办方可从中挑选比较有意义的愿望将其实现,并于5月10日活动当天邀请许愿的孩子上台;活动过后,主办方将所有的愿望卡保存,若干年后,有机会可发还给孩子,享受愿望实现成果。

2.祝福篇:4月底下发特制祝福卡,家长们写上寄托自己小孩的祝福语,密封后保存,5月10日活动结束回家后交至孩子亲自拆封,感受家长的真情祝福。

3.未来篇:吴老师致辞和祝福,赠送纪念礼物和特殊礼物——《十岁宣言》,在悠扬的乐曲声中,由男、女生各一名共同引领,所有孩子庄严宣誓。

4.感恩篇:孩子们齐唱《感恩的心》,孩子们走到爸爸妈妈的面前,感激他们的相伴,给其深深的拥抱和亲吻;孩子们走到老师们的面前,感激他们的教育,给其崇高的敬礼和鞠躬。

5.活动篇:①报到后,孩子们与老师、人偶集体合影;②十岁宣言后,主持人上台(对白),由人偶上台跳一段舞蹈,预祝孩子们生日快乐;③人偶下台与孩子们共同娱乐;④互动游戏;⑤齐唱生日快乐歌,捧蛋糕,吹蜡烛,现场许心愿;⑥入席就餐;⑦自由活动。

四、其他事项

1.原则上全班每位学生参加,家长可自愿报名参加。

2.学生经费从班费中列支(预算 230 元/人,含大卫婚庆企划中心组织实施费、场地租赁费、餐费、蛋糕、纪念品和活动奖品等,不含摄像、摄影的拍摄、编辑和制作等费用)。家长餐费(预算 60 元/人)在活动现场由家委会代收后直接交至酒店。

3.活动全程摄像和摄影,建议学生穿漂亮舒适的衣服。为定格瞬间有趣有意义的场景,建议家长自带摄影机或摄像机,实时抓拍特写镜头。

4.以上活动项目为初步计划,实际以现场组织实施为准。

5.为便于统计和妥善安排,请各家长认真阅读以上条款,并慎重填写报名回执。若报名后有变化的,请于 4 月 20 日之前与侯爸联系确认。

6.本活动属公益、非营利性活动,由家委会倡导,家长自愿参加。响应并参与本次活动的孩子必须由家长随行监管,各家长对自身及孩子的安全负责。家委会为群众性组织应尽可能提供服务,但不承担安全责任。参加活动者即视为同意本条款。

家委会在每次活动中尽量做到完善细致,但难免会有不足的地方。希望各位家长朋友能互相帮助、互相合作、互相理解、互相支持,共同努力,实现我们美好的"学校梦""班级梦""孩子梦"。

丽水市实验学校 302 班家委会

2013 年 4 月 2 日

有痕而结果

2014年度"户外拓展暨创意摄影"主题亲子活动方案

一、活动意义

1.借助户外拓展训练,提高孩子的心理素质,让孩子建立积极良好的心态,加强孩子之间彼此的了解和沟通,培养集体主义品质,形成优秀的团队合作精神,磨炼孩子意志,加强纪律性。

2.启发孩子创新意识和转变思维的技巧,真正以团队为核心,将拓展心得转化到孩子的实际生活中,使之产生真正的成长与转变。

3.树立共同的目标、责任感、归属感,形成积极主动、互助的团队气氛。

4.对常规的集体合影进行全面升级,通过创想策划和创意摄影,创新符合502班特有的各种组合造型,用摄影师清澈的眼睛、透彻的镜头、睿智的头脑、活跃的思想、充沛的情怀,记录集体留影和活动精彩的瞬间,捕捉令人心动而难忘的影像,为班级文化建设和孩子们成长记录画上圆满的句号。

二、活动时间

2014年10月7日(周二)8:00—15:00。

三、活动地点

缙云县黄龙景区户外拓展教育基地。

四、活动对象

语数英科等老师家庭,全班学生和家长。

五、活动日程

8:00　丽水市行政中心南门集中(处州公园)。

8:20　合影。

8:30　统一出发赴缙云县黄龙景区。

9:30　户外拓展活动。

11:30　中餐。

13:00　创意摄影。

15:00　返程。

六、其他事项

1.建议全班每位学生参加,同时热忱邀请家长踊跃报名参与。

2.亲子拓展活动经费实行 AA 制,每个家庭 120 元(两大一小);中餐 30 元/人(团队餐)。以上价格为团购协议价,活动报到时由家委会统一收取。

3.活动全程摄影和摄像,统一穿 2014 年校级运动会特订班服(若天冷,外加外套和长裤,创意摄影时脱掉)。为定格瞬间有趣有意义的场景,建议家长自带摄影机或摄像机实时抓拍特写镜头。

4.为便于统计安排和预订 2014 年校级运动会班服(天猫网购,森云童装专营店,原价 398 元/套,冰点价 78 元/套,短袖+短裤,95%及以上棉,有关商品详情、参考尺码和网址已在群文件公示),请各家长认真阅读通知中的各条款,并慎重填写报名和班服预订尺码回执,于 9 月 24 日(周三)前上交班主任(代收),再转交家委会。若报名后有变化的,最迟于 9 月 25 日上午之前与侯爸联系确认。

5.交通工具原则上由各小组自行解决,建议拼车(小组名单另行公布)。在小组不能解决时,由家委会统筹安排,请在回执单上详细说明。

6.本活动已制订《校外活动突发事件应急预案》,全程有随行的安全保障和医务人员(家长)陪同,并随身携带必要的户外常规药品。活动期间若身体不适,请及时报告家委会。

7.本活动属公益、非营利性活动,由家委会倡导,家长自愿参加,概与学校和老师无关。响应并参与本次活动的孩子必须由家长随行监管,各家长对自身及孩子的安全负责。家委会为群众性组织应尽可能提供服务,但不承担安全责任。参加活动者即视为同意本条款。

8.本活动由丽水市创想策划文化传播中心公益策划,并免费提供创意摄影服务。

9.以上活动项目为初步计划,实际以现场组织实施为准。若遇下雨等不可抗力的原因,活动延期举行。

有痕而结果

127

家委会在每次活动中尽量做到完善细致,但难免会有不足的地方,希望各位家长朋友能互相帮助、互相合作、互相理解、互相支持,共同努力,实现我们美好的愿望。

丽水市实验学校502班家委会

2014年9月22日

2015年度丽水市实验学校602中队
"鱼跃幸福养生暨爱国主义教育"主题亲子活动方案

一、活动意义

1.通过参观鱼跃公司并参加座谈会,开展"走进非遗,关注养生"活动,分享"养成正确生活习惯"的养生理念和"走进厨房,远离药房"的养生目的,交流如何识别问题食品和酱油、食醋、酒等酿造食品优劣的方法;通过亲子互动和有奖竞答,分享如何培养正确的学习态度和学习目标,掌握良好的学习办法和合理使用零花钱等良好习惯。

2.采取"小手牵大手、联谊进红门"的方式组织亲子走进军营,通过娱乐互动、参与体验等活动,真正增强家长和小孩对消防常识的了解、学习和掌握,从而切实增强消防综合素质,实现"教会一个孩子、带动一个家庭、影响整个社会"宣传目标。

3.组织"增强国防意识,培养合格公民"的活动,告诫孩子要"勿忘国耻,振兴中华";让孩子们走进武警部队,实地体验一回军营生活,观看武警战士队列动作表演、内务整理、打军体拳、擒拿格斗和枪械分解组装,展示警用装备等。通过目睹军事化管理的部队生活,对孩子们养成良好的个人习惯,增强纪律性,提高生活自理能力和自主学习能力。

二、活动时间

2015年10月7日(周三)8:00—16:00。

三、活动地点

丽水市鱼跃酿造食品有限公司、武警莲都中队、消防开发区大队、洲际大酒店。

四、活动对象

语数英科等老师家庭,全班学生和家长。

五、活动日程

8:00 丽水市行政中心南门集中(处州公园)报到合影。

8:30 1—30号家庭赴鱼跃公司(互动交流、参观品尝)。

　　　31—60号家庭赴消防开发区大队(走进警营、实战体验)。

11:20 1—60号家庭在武警莲都中队集中(考察军营、观看演练)。

12:00 中餐(洲际大酒店)。

13:30 31—60家庭赴鱼跃公司(互动交流、参观品尝)。

　　　1—30号家庭赴消防开发区大队(走进警营、实战体验)。

16:00 返程。

六、其他事项

1.本活动至少需一名家长陪同,建议全班每位学生家长积极踊跃参加。

2.经费实行AA制,只付中午餐费70元/人(其中菜品60元/人,酒水10元/人,大人和小孩收费相同),结余经费转存班级家委会基金。活动报到时由家委会按实际参加人数统一收取。

3.活动全程摄影和摄像。为定格瞬间有趣有意义的场景,建议家长自带摄影机或摄像机,适时抓拍特写镜头。此次为中队活动,请全体学生佩戴红领巾。

4.为便于统计和安排,请各家长认真阅读通知中的各条款,并慎重填写报名回执,于9月23日(周三)上午前上交班主任(代收),再转交家委会。若报名后有变化的,最迟于9月25日(周五)上午之前与侯爸手机或微信联系确认。

5.交通工具原则上由各小组自行解决,建议拼车(小组名单另行公布)。当小组不能解决时,由家委会统筹安排,请在回执单上详细说明。

有痕而结果

6.因活动场地接待能力有限,故采取"合——分——合——分"的形式开展活动。请各家庭自觉遵守家委会统筹指挥和安排。本活动已制订《校外活动突发事件应急预案》,全程有随行的安全保障和医务人员(家长)陪同,并随身携带必要的户外常规药品。活动期间若身体不适,请及时报告家委会。

7.本活动属公益、非营利性活动,由家委会倡导,家长自愿参加,概与学校和老师无关。响应并参与本次活动的孩子必须由家长随行监管,各家长对自身及孩子的安全负责。家委会为群众性组织应尽可能提供服务,但不承担安全责任。参加活动者即视为同意本条款。

8.以上活动项目为初步计划,实际以现场组织实施为准。若遇下雨等不可抗力的原因,活动延期举行。

家委会在每次活动中尽量做到完善细致,但难免会有不足的地方,希望各位家长朋友能互相帮助、互相合作、互相理解、互相支持,共同努力,实现我们美好的愿望。

丽水市实验学校 602 班家委会

2015 年 9 月 20 日

丽水市实验学校 2010 级 2 班校外活动突发事件应急预案（试行）

为确保在实验学校 2010 级 2 班家委会主导下的各项活动安全、有序、高效开展,全面提高家委会应对突发事件的综合管理水平和应急处置能力,特制订以下应急预案。

一、成立应急指挥组

组　长:侯爸爸

副组长:朱爸爸

成　员:王爸爸　杨妈妈　叶妈妈　叶妈妈　程妈妈　吴爸爸　赵爸爸

二、各项突发事件的应急程序

（一）集会安全应急程序

1.凡组织集会必须经过家委会的批准，规定参加的人员和地点，提前对集会地点的安全问题进行检查，防止事故的发生。

2.各家庭（学生）必须在家委会的组织下，由现场组织者安排进入集会地点，各家庭到集会地点途中的安全由各家庭负责。

3.各家庭（学生）在进出集会地点发生踩踏等安全事故时，活动组织者和各组长要及时疏导，防止事故进一步扩大。

4.一旦发生踩踏等安全事故，活动组织者要马上报告班主任和学校领导，同时拨打"120"急救电话，组织送往最近的医院进行抢救处理。

5.在进行集会之前，活动组织者要讲解关于集会安全的问题，引起各家庭（学生）的高度重视。

6.集会期间一旦发生火情，家委会要马上组织人力抢救，要求学生远离危险地方；要及时切断电源和火源，防止火势的进一步蔓延。要及时拨打火警电话"119"，同时组织学生疏散，防止损失扩大。

7.在出现紧急情况的时候，在场的家长和活动组织者要注意按照应急疏散指示、标志和图示合理正确地疏散学生。

8.当发生火情等事故时，要及时通知各家委会成员，保证在最短时间赶赴出现危险的地点。

（牵头人：朱爸爸、叶妈妈、程妈妈、吴爸爸、赵爸爸）

（二）食物中毒事故应急程序

1.发现学生出现食物中毒症状的任何人员都应当在第一时间向班主任和学校领导报告。

2.立即通知所有人员停止食用造成食物中毒或者可能造成食物中毒的食品，立即封存造成食物中毒或者可能造成食物中毒的食品及其原料、容器、工具、设备。

3.负责警戒的人员应立即在事故现场实施警戒保卫，保护现场以便事

有痕而结果

131

故调查。

4.应立即组织人员对有食物中毒症状的学生进行医治,有明显或严重症状的学生,立即送医院救治。

5.委派家委会成员去医院,探视、安慰学生,并及时与患病学生的家长联系。

6.立即上报有关部门,并配合做好调查工作。

7.一旦发现有人食物中毒事故,若有证据证明或有理由怀疑有人投毒,应当立即报警。

(牵头人:朱爸爸、杨妈妈。以下均为医务人员——王妈妈、陈妈妈、程妈妈、蒋妈妈、林妈妈、孙妈妈、王妈妈、吴妈妈、吴妈妈、叶妈妈等)

(三)触电事故应急程序

1.发现触电事故的任何人员都应当在第一时间抢救触电者,并让在场人员打"120"求援,同时向活动组织者报告。

2.触电解脱方法:

(1)切断电源;

(2)若一时无法切断电源,可用干燥的木棒、木板、绝缘绳等绝缘材料解脱触电者;

(3)用绝缘工具切断带电导线;

(4)抓住触电者干燥而不贴身的衣服,将其拖开,切记要避免碰到金属物体和触电者的裸露身体。对于高压触电应及时通知供电部门,采用相应的紧急措施,以免发生新的事故。

3.现场抢救不能轻易中止,要坚持到医务人员到场后接替抢救。

4.触电事故发生后,应立即在现场设置警戒线,维护抢救现场的正常秩序,警戒人员应当引导医务人员快速进入事故现场。

5.事故现场警戒线必须等医务人员将触电者带离现场赴医院救治,事故调查和排险抢修工作完毕,现场已无事故隐患时,方可解除。

6.事故发生后应当立即向上级或有关部门报告。

（牵头人：朱爸爸、杨妈妈。以下均为医务人员——王妈妈、陈妈妈、程妈妈、蒋妈妈、林妈妈、孙妈妈、王妈妈、吴妈妈、吴妈妈、叶妈妈等）

（四）其他各类活动应急程序

1.乘车外出活动。

（1）如集体乘坐车辆发生突发性事件，活动组织者应立即通知交警部门及"110"指挥中心。如有人员受到损伤，及时给予相应医疗救助，同时即刻通知"120"救护中心尽快赶到事故现场，视情况决定是否向学校及上级领导部门汇报。

（2）如家庭自备车辆前往活动地点的过程中发生事故，在实施自救同时尽可能在第一时间通知活动组织者，并立即通知交警部门及"110"指挥中心。如有人员受到损伤，立即通知"120"救护中心，由活动组织者视情况决定是否向学校及上级领导部门汇报。

2.活动时出现伤害事故。

（1）活动时如出现碰伤、扭伤、跌伤等轻度伤势，应中止该家庭（学生）的活动。

（2）如发生比较严重或突发性事件，在给予相应医疗救助时，应即刻通知"120"救护中心以最快速度赶到事故现场，并向带队组长进行汇报，视情况决定是否向学校及上级领导部门汇报。

3.活动结束返程后发现人员遗漏事件。

立即通知该活动场地有关人员，联系该家庭进行巡查，如联系上，则要求该遗漏者向指定地点靠拢或在原地等候接应人员。

4.活动时遭遇恶劣天气。

（1）活动组织者应预先掌握气象信息。

（2）如活动时碰上暴雨、雷电、狂风、泥石流、山体滑坡等恶劣气候时，应联系各组立即集合队伍进行撤离或疏散到安全地带。

（3）积极联系车辆，并视情况决定是否中止活动并返程。

若出现以上未提及的突发事件，应根据应急指挥组的工作布置，从而确

有痕而结果

133

定行动及处理方案。

（牵头人：朱爸爸、杨妈妈。以下均为医务人员——王妈妈、陈妈妈、程妈妈、蒋妈妈、林妈妈、孙妈妈、王妈妈、吴妈妈、吴妈妈、叶妈妈等）

三、几点说明

1.各项应急程序均指在家委会主导下开展的各项校外活动过程中发生的突发事件应急处置程序。

2.应急预案不适用未经家委会同意组织的各项活动。

3.家长是各个家庭安全责任的第一责任人。家长对参与各项活动所产生的后果应有预见性，家长可以拒绝参与可能危及子女安全的活动。

4.各家庭自愿参与由家委会组织的活动，费用由各家庭 AA 解决。家委会不承担因参与活动产生的各类损失。

2012 年 9 月 17 日

后 记

　　读着即将完成的书稿，写着这些文字，有种异样的感觉。一直以来，我们都不曾想到会出这样一本书。六年前，随着一群可爱的孩子走进丽水市实验学校 2010 级 2 班，一群家长也一同融进了这个大家庭。那时候谁都没有想过，陪伴孩子六年的成长可以积累这么多素材，把这些素材集中起来是一件这么有趣的事儿。我们相信，如果能和大家一起分享我们班级这六年发生的故事，读者一定能领悟到这些故事背后的内涵和实质，兴许可以运用到自己班级中去。

　　回顾这六年组织的活动，我们认为在一定程度上，这些教育实践是很有效的。许多家长高兴地告诉我们，通过这些年组织的活动，孩子悄然发生着变化。其实关于活动的组织，我们也是"摸着石头过河"，一次一次地总结失败经验，也一年一年地积累成功经验，正是成功和失败的相互交替，使孩子和家长都成长着，进步着，改变着，愉悦着。所以，我们要说书本中呈现的活动案例相对而言是比较成熟和完整的。

　　我们努力把这本书写得个性化一些。其一书中分享着各类参与者的活动感受、反思，这有利于之前袖手旁观看学校教育的家长们，积极出谋划策，主动参与班级文化建设，有效地提高班级管理的成效，促进学生健康成长。其二是这本书中最值得一提的精美的图片，这些图片生动地记录了活动的内容，展现了活动的每个细节。如果你特别忙碌，没有太多时间静静浏览文字，看这些图片你大致可以明白活动游戏、活动内容，甚至活动的具体操作。这样简单、直观的呈现是我们所有编者引以为豪的。其三，也是这本书最重

要的,我们始终追求着一个更大的目标——坚持不懈寻找一种肯定、支持学校与家庭的合作沟通方式,老师与家长孩子的亲密交流方式。每一门艺术或者科学都有它自己的工具书,为什么不能有一本书告诉老师、家长,如何更好地让家校合作,如何更好地促进孩子成长呢?

想到这些,不禁激动起来,我们希望能在这个班级孩子成长的轨迹中留下美好的记忆和宝贵的经验。

最后,得开始说感谢。

感谢丽水市实验学校校长刘必水先生,对我们无微不至的关怀和奉献;

感谢丽水市实验学校副校长杨丽佳女士,对此书一直以来的支持和鼓励;

感谢丽水市实验学校 2010 级 2 班所有家长,与我们分享他们的经验和建议;

感谢丽水市实验学校 2010 级 2 班所有孩子,是你们的成长让我们寻到生命的美好轨迹;

感谢侯学峰、朱煜、蓝春红、殷可祯为本书提供资料;

感谢为本书付出辛劳的所有人,是你们毫无保留的付出让这本书成功出版,让我们深受感动。

感谢……